クッションピラティス

内ももを締めれば勝手にやせる!

姿勢アナリスト／パーソナルトレーナー
KAORU

幻冬舎

＼今日から一生／

内ももを

締めなさい！

内ももを締める。
たったそれだけで
美しさが手に入ります。
頼れる相棒になるのは、
何の変哲もない**クッション**。
今この瞬間から、私と一緒に
「内ももを締める側の人間」に
なりましょうね。

Cushion Pilates

今、世界中で大ブームを巻き起こしているピラティス。

筋肉を太く大きくする筋トレとは違い、筋肉や筋膜の柔軟性を引き出すことで、関節の可動域が広がって、身体《からだ》が動きやすくなります。

インナーマッスルが鍛えられ、たるみ改善やプロポーション維持にも効果的とあって、ハリウッドスターやモデルはもちろん、名だたるアスリートやアーティストが取り入れていることでも話題に！

私はそんなピラティスの魅力

に約30年前から惹きつけられているひとり。東京・表参道で、ピラティスを中心としたオリジナルメソッドによるボディメイクを指導する「STUDIO Apro」を主宰しています。

ピラティスの理論をベースに、独自にアレンジした「KAORU式ピラティス」を生み出し、クライアントの方や、ボディメイクを指導する立場のトレーナーたちにもそのメソッドをお伝えしています。

ピラティスは、せっかく始めたのになかなかマスターできず、挫折してしまう人が多いといわれることも。

しかし「KAORU式ピラティス」ならわかりやすいだけでなく、身体がみるみる変わるとあって、女優やモデル、美容研究家といったボディメイクに敏感な美のカリスマたちがお忍びで長年通ってきてくださっています。

そんな効果バツグンのピラティスを、〝あるもの〟を使うことで、誰もが簡単に毎日の生活に取り入れることができるのです。

自宅でセルフでできる それが……

クッションピラティス！

クッションでピラティス!? そんなの聞いたことがない！ と思うかもしれませんね。

クッションがあれば、効かせたい部分にダイレクトなアプローチが可能。

さらにクッションが補助してくれるので、難易度の高いポーズも難なくできるようになり、トレーナーがそばにいなくても、身体が硬くても、正しいフォームでピラティスをおこなえるようになります。

そして、目覚めさせたい「**おサボリ筋**」にしっかりとアプローチすることができるのです。

おサボリ筋ってなんだ!?

おサボリ筋とは、伸びたり縮んだり、身体を支えたりといった果たすべき役割はあるはずなのに、なまけることがクセになってしまった筋肉のこと。

いったいなぜ、なまけていられるのかというと、その裏には、がんばりすぎる「でしゃばり筋」という存在がひそんでいるから。

おサボリ筋をしっかり覚醒させて、でしゃばり筋を休ませることで、美しいボディラインが生まれます。おサボリ筋に効率よく、かつ手軽に働きかけられるのが、身近にあるクッションというわけです。

おもなおサボリ筋

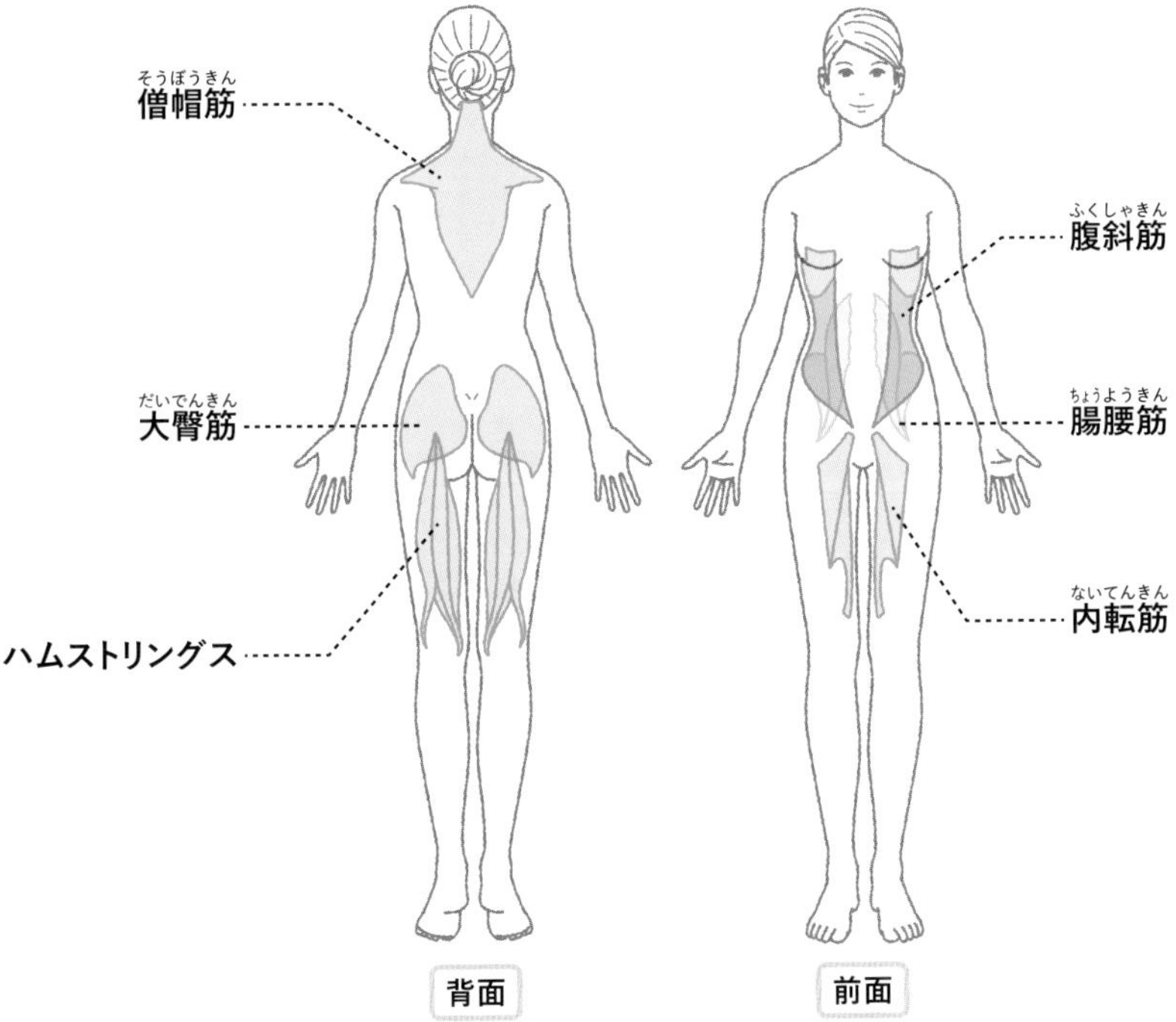

クッションピラティスを楽しむだけでこんなメリットが！

くびれ

おサボリ腹斜筋は肋骨と骨盤に連動している。肋骨が締まれば下っ腹が引き上がり、お腹《なか》が凹み、くびれが出現。

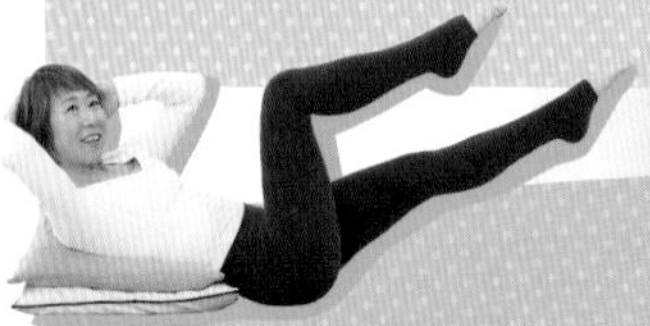

美姿勢

背骨のつまりをとり、肩甲骨や肩関節の可動域を広げていくので、胸が開き、背骨のS字ラインが美しい姿勢に。

歩きやすくなる

足裏のアーチが復活し、重心位置が上がり、股関節の動きもよくなるので長時間歩いても疲れにくい身体に。

脚長

股関節を正しく使うので、内旋しがちな太ももの筋肉が正しく外に向く。ヒップが上がり脚長効果バツグン。

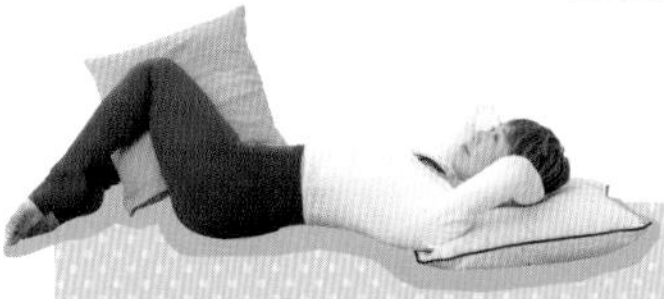

尿もれ改善

骨盤底筋にしっかりアプローチすることで、尿もれ改善や、子宮脱や内臓下垂の予防効果も期待できる。

細もも

内ももを締めることでおサボリ筋である内転筋がバシバシ鍛えられ、逆三角形のすきまのある細ももが叶う。

クッションがあれば理想のボディに近づける！

脂肪燃焼

肩関節と股関節の動きがよくなって日常生活の運動強度が上がり、脂肪の燃えやすい生活が可能に。

はじめに

62歳でこのBODYをキープしている私が証明です

あなたが本書を手にとってくださった理由は、「新しく何かを始めたい！」「流《は》行《や》っているピラティスをやってみたい！」とワクワクされてのことでしょうか。おまかせください。私がピラティスに出会って約30年、試行錯誤して得た成果を詰め込んだ、手軽で楽しくて効果絶大のメソッドを、これから余すところなくお伝えします。

実際、私自身がこのメソッドの証明です。

2024年で62歳を迎えた私が、いまだにしなやかな筋肉に覆われた健やかなボディをキープ、いや、むしろ自分史上最高ボディを更新し続けているのは、ピラティスに出会ったおかげなのです。

体重はキープしたまま40代よりデニムは3サイズダウン。ここ10年を振り返っても、風邪ひとつひいた記憶がありません。60代に突入してからも、「今の身体が最高」という日々を送っています。「姿勢が変わると人生が変わる」。

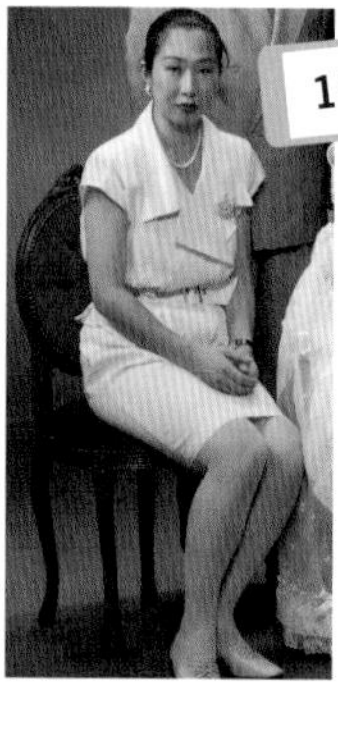

1993年 31歳

産後すぐに撮った写真。「これ誰?」と自分でも思ってしまうぽっちゃりボディ。

エアロビクス仲間と撮った1枚。向かって左が私。ムチムチです。

1985年 23歳

これは私の実体験であり、トレーナーとしてのモットーです。

もちろん私も年を重ねるにつれ、いろいろな変化を感じてきましたが、今の自分の身体が大好きです。そう思わせてくれたピラティスの楽しさを、トレーナーがそばにいなくてもどなたにでも体感していただけるように考案したのがクッションピラティスなのです。

昨日より今日、今日より明日の自分が好きになれるよう、一緒に取り組んでいきましょう！

KAORU

Contents

Chapter 2

Chapter 3

基本の Cushion Pilatesで くびれ美人に

Chapter 4
部位別 Cushion Pilatesで 理想の美BODYへ

がんばらないのにキレイになれる KAORU式ピラティスのとりこです

KAORUさんのもとに週1〜2回は通うという檀れいさん。
超多忙なスケジュールの合間を縫ってでも通うのは、
確実に身体が変わるからだといいます。
KAORU式の魅力はいったいどんなところにあるの？
檀さん、教えてください！

見かけだけではなく、身体作りは土台から整えていくことが大切

約5年前からKAORU先生のスタジオに通うようになりました。それまでは筋肉をつけたくて筋トレを中心におこなっていたのですが、雑誌に載っていたKAORU先生の記事に、「人それぞれ骨格や筋肉のつき方はもちろん、生活習慣やクセは異なるから、基礎となる土台から整えないと、どれだけトレーニングを積んでも身体は変わらない」と書かれていたのを目にしました。それがすごく腑に落ちて、すぐにスタジオにお電話したんです。

初めてお会いした際、「今までどれだけがんばってきたの？ 全部、身体に表れていますよ」と、身体の状態を言い当てられてしまい、一瞬でKAORU先生のとりこになりました！

まずは緊張しっぱなしの筋肉をゆるめてあげるリリースからスタート

舞台や映像で優雅に美しく見せようとするあまり無理な動きをするこ

Special Comm from Rei Dan

Special Comment from 檀れいさん

とも多く、身体に負担をかけていたようです。私のがんばりすぎている筋肉を先生は「姫筋」と呼ぶんです（笑）。

まずはそれをゆるめて伸ばしてあげるリリースから開始。筋肉がゆるんでくると、心もやわらかくなるのを感じました。私もですが、女の人ってとにかくがんばってしまいがちですよね。毎日がんばっている自分を認めて、大事にメンテナンスをする、それがリリースの時間です。今ではテニスボールを自宅のリビングや車の中に置いていて、出張先にも持って行き、いつもコロコロと筋膜リリースをしています。

筋肉がほぐれてきて、ピラティスにようやく進めたときはうれしかったです。たった1回のレッスンで身体がこんなにも動かしやすくなるなんて、本当にビックリ！　なんでもっと早くKAORU先生に出会わなかったんだろうと本気で思いました。

世のトレーニングはそれぞれよい面があると思うのですが、おすすめを訊かれたなら「ピラティスがいいよ」と答えるくらい、私はピラティスっていいなと感じているんです。

スタジオではエクササイズボールを内ももにはさんでピラティスをしています。本書ではクッションを使うのですよね。やはりはさむものがあると内ももを締める意識がしやすくて、ピラティスがやりやすくなるのを私も実感しています。

身体が変われば心が変わる。ピラティスに出会って、自分らしく生きられる

人前に出るお仕事ですから、いつもいい状態でいたい、キレイでありたいという思いは私の中にあります。でも何よりも大事なのは、身体に痛いところやつらいところがなくて、毎日を楽しく前向きに生きられることだと思うんです。

KAORU先生が「身体が変われば心が変わる」とよくおっしゃるのですが本当にその通りですよね。5年前から比べると身体がラクに、しなやかに、のびやかに動くようになったことで、柔軟に考えられるようになり、年齢によるブレーキがかかることなくいろんなことにチャレンジできています。

今後もまだまだ変わっていけそうな予感がするので、5年後、10年後、その先の自分が今はとにかく楽しみですね。

撮影／中川真人

Profile

檀れい

Rei Dan

女優。1992年宝塚歌劇団に入団。99年より月組トップ娘役、2003年から星組トップ娘役を務め、05年に退団。翌年公開された『武士の一分』で日本アカデミー賞優秀主演女優賞および新人俳優賞を受賞。

クッションピラティス

BEFORE・AFTER

CASE 1

Yさん 49歳

ウエスト -6.5cm

クッションを使うことで ピラティスがこんなに簡単に、ラクにできるなんて！

　運動経験があまりなく、身体を引き締めたくても何から始めたらよいかわからず、ずっと放置していました。クッションピラティスもちゃんとできるか最初は不安でしたが、たった1回で変化があり、続けていくうちにどんどん効果を実感！　しっかりとリリースして身体をほぐすことの大切さも知りました。またクッションを使うことでポーズがとてもとりやすく、効かせたいところにしっかりアプローチできるので、楽しく毎日続けることができました。身体を動かすことを習慣にしたら、前よりもずっとポジティブ思考で前向きになれた気がします。

たった2週間でウエスト-6.5cm

CASE 2

Mさん 48歳

ウエスト -5.5cm

ピチピチだと笑われた、ニットスカートが似合うように！

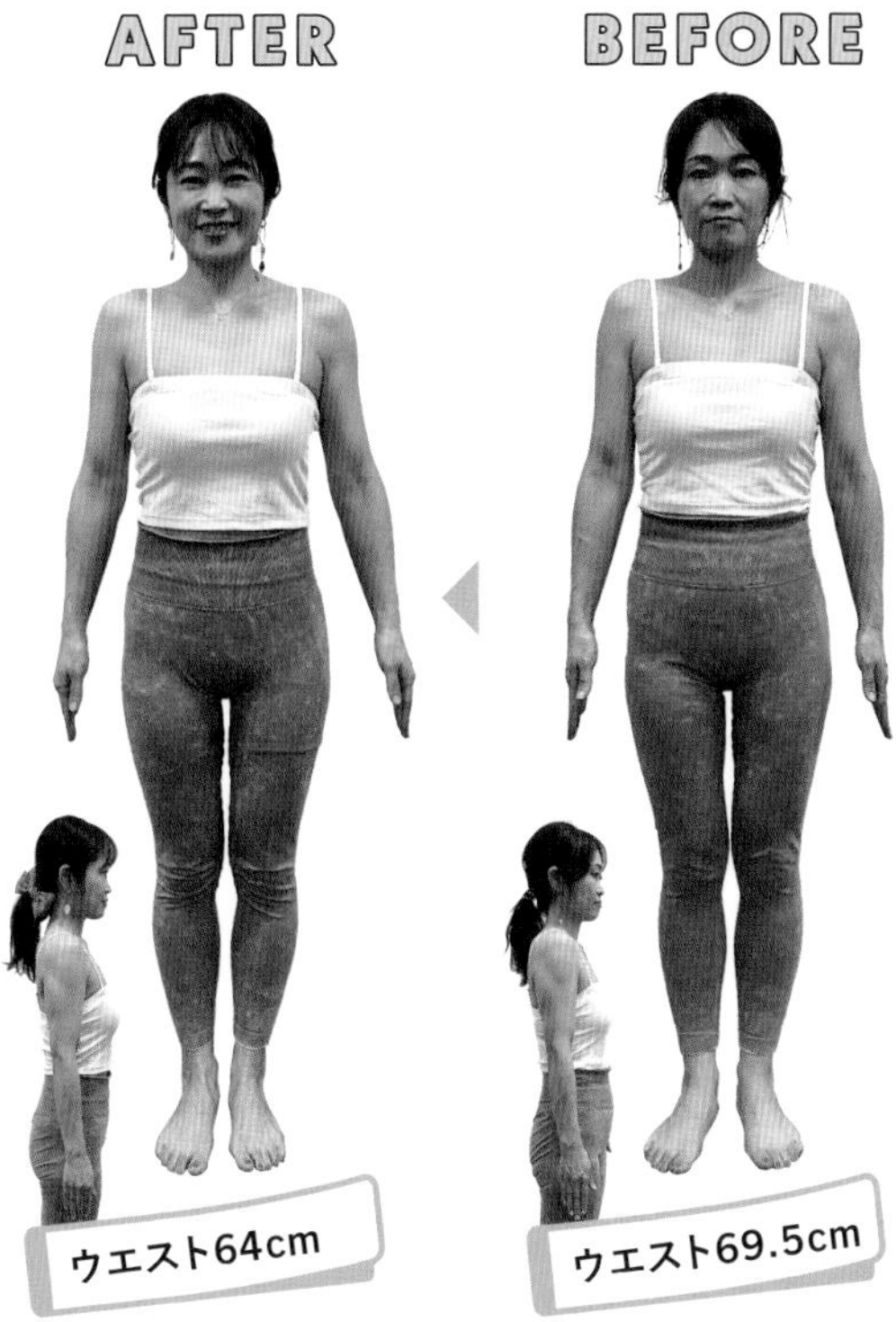

デートでニットスカートを久々に穿《は》いていったら、「お腹どうしたの？」と彼にお腹をなでられショックを受けて、下腹部をどうにかしたいと決意。これまであまり運動してきませんでしたが、クッションピラティスを2週間続けたことで運動習慣がつきました。身体のめぐりがよくなった気がして、気持ちも明るくなりました。モチベーションを保つコツは、毎日おこなう時間を決めること。私は毎朝の日課にしました。それだけで身体も心もこんなにスッキリするとは！　またニットスカートを穿いてデートに行く自信がつきました。

CASE 3

Mさん 41歳

ヒップ -5cm

お気に入りのジーパンが穿きやすくなった！

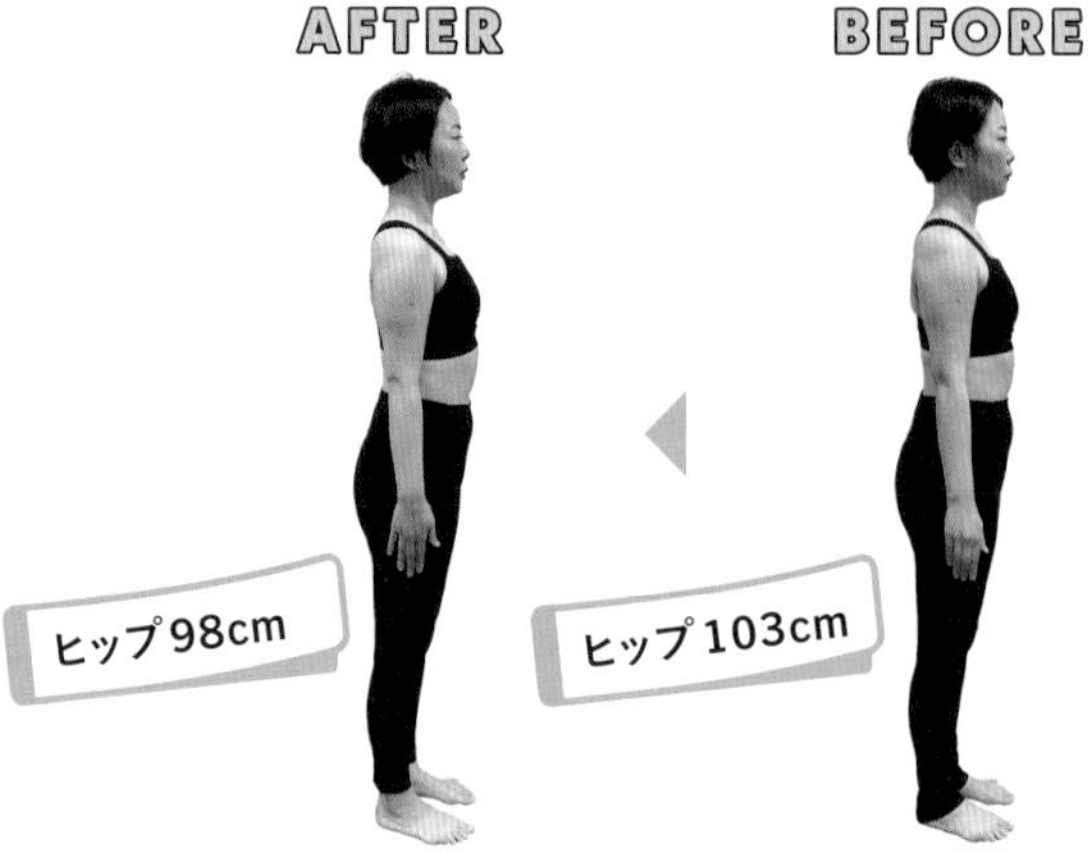

クッションピラティスを毎日おこなうようになってから疲れにくくなり、体型が少しずつ変化。特にお尻回りがキュッと引き締まり、ジーパンが穿きやすくなりました。仕事で疲れてサボりたくなる日もありましたが、部屋の目につくところにクッションを置いて、がんばりすぎないよう、決められた回数以上はやらないと決めたら、楽しくルーティン化することができました！

CASE 4

Kさん 48歳

太もも -3cm

重心が真ん中になり、正しい姿勢が保てるように

これまでいろんなダイエットを試してきましたが、何をしても下半身が全然変わらず、それがずっと悩みでした。しかしクッションピラティスを2週間続けただけで、下半身が引き締まり、ポッコリお腹もひっこみ、ズボンがゆるくなりました。身体が整ったことで重心のバランスがよくなり、美姿勢に。以前より歩きやすくなったのも思ってもみなかったうれしい効果です！

レクチャーを受けた体験者から
KAORU先生へのメッセージ

Sさん

〝身体が変わると心が変わる〞とはよく言ったもので、
考え方や視座すべてがよい方向に進み始めた気がします。
自分の身体や心にマインドフルネスして、〝美しい自分〞を見つけていきます！

Yさん

今までエクササイズはつらいもの！ って決めつけていた私ですが、
楽しみながらエクササイズしているKAORU先生の姿を生で見て、
身体を動かすってこんなに楽しいんだー！ と考え方が変わりました。
今後も運動を続けて、先生のように素敵な笑顔を大切にしたいです。

Mさん

KAORU先生の明るさに元気をもらいました！
これからも続けてシェイプアップしていきます。

Kさん

KAORU先生とのトレーニングがとても楽しかったです。
引き続きクッションピラティスをがんばって、もっともっとやせたいと思います。

これからもウェルネス業界を引っ張っていってください！
私も姿勢アナリストの資格を取得して、インストラクターとして
周囲の人を幸せにするお手伝いがしたいです。

Mさん

エクササイズページの読み方

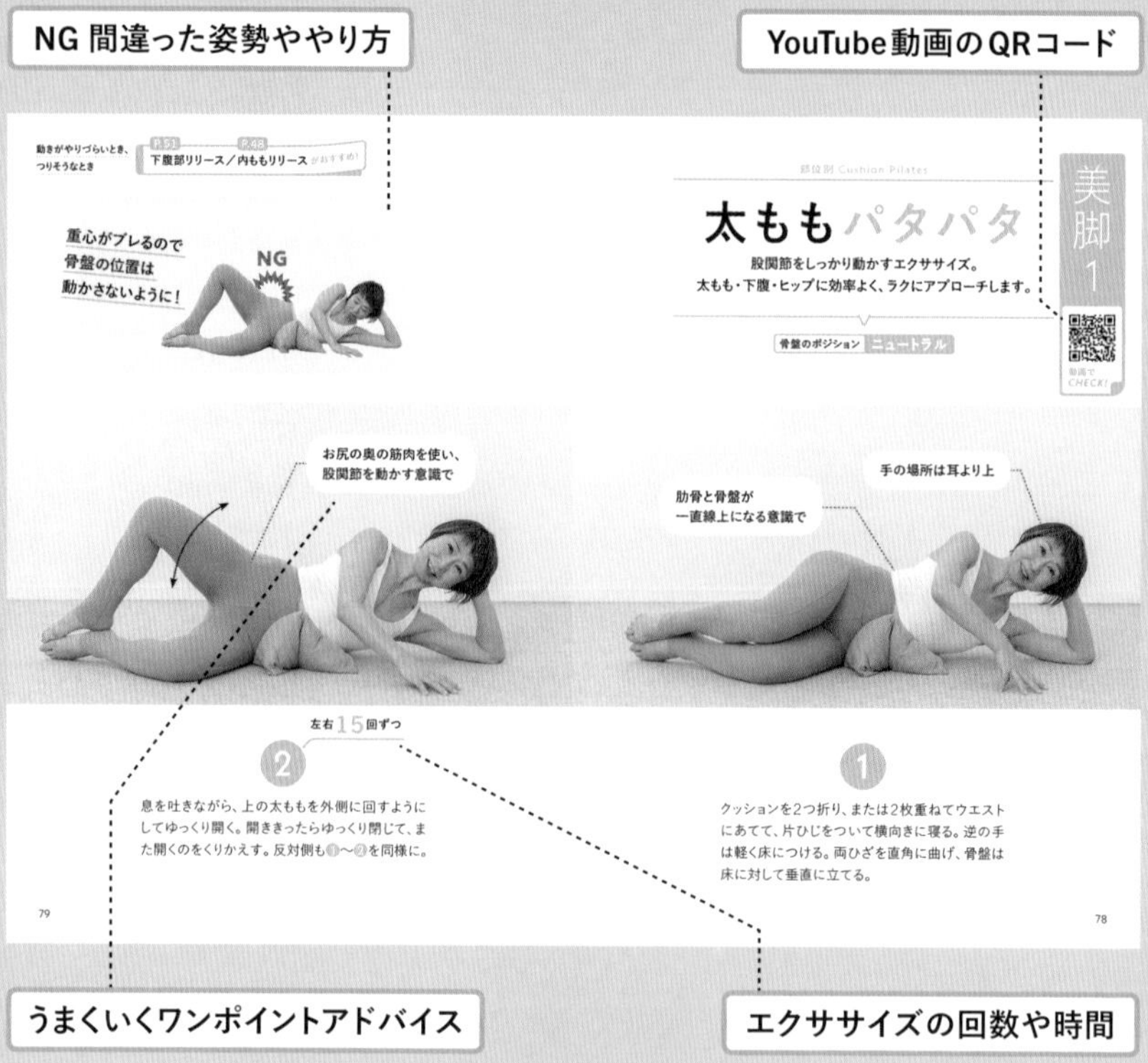

⚠ 本書についての注意事項

- 本書でご紹介しているエクササイズは、医療行為ではありません。特定の疾患を治療するものではなく、自分の身体と向き合うためのものです。
- 本書でご紹介した方法を実行された方々の結果には、個人差があります。
- 持病のある方や通院されている方、妊娠の可能性がある方などは主治医とご相談の上、取り組んでください。
- QRコードで案内している著者のYouTube動画は予告なく終了する場合があります。
- 動画と書籍ではエクササイズの内容やおこなう回数などが一致しない場合があります。どちらの方法でも問題ありませんので、お好みに合わせてお選びください。

Chapter 1

KAORU式で
あなた本来の美を
呼び覚ます

ピラティス挫折経験者必読!

クッションピラティスが誰でもできるのはなぜ?

1 そもそもピラティスが難しい理由

ひとつのエクササイズで意識すべき箇所が多い

身体が硬くて指示通りに動かせない

運動強度が高くて呼吸と連動させる余裕がない

骨盤底筋を意識するのが難しい

▼

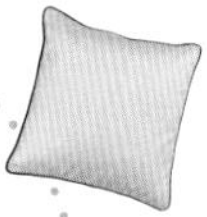

それ全部、**リリース**と**クッション**で解決できますよ!

2 まずはリリースで関節の動きをよくする

→P.42〜

ピラティスのやりづらさの根源は、硬くなった筋肉が、動きと意識の邪魔をしているせい。準備運動として筋膜リリースをしっかりおこなうことで、ピラティスは格段にやりやすくなるのです。

3

→P.58～

クッションで補助すれば正しく身体を動かせる！

クッションがあれば内ももを締める意識をもつことができ、骨盤底筋にしっかりアプローチできます。セットポジションの補助になるので負荷が下がり、驚くほど身体を動かしやすくなります。

横向きポーズの場合

クッションがないと

グラグラして安定しない
強度が高すぎる

クッションがあると

安定感バツグン！

背中に置くポーズの場合

クッションがないと

腰を痛めがち
強度が高すぎる

クッションがあると

効かせたいところに効く！

太ももではさむポーズの場合

クッションがないと

骨盤底筋が意識
しづらい

クッションがあると

内ももを締める感覚が
つかめる！
意識すべき箇所が減る！

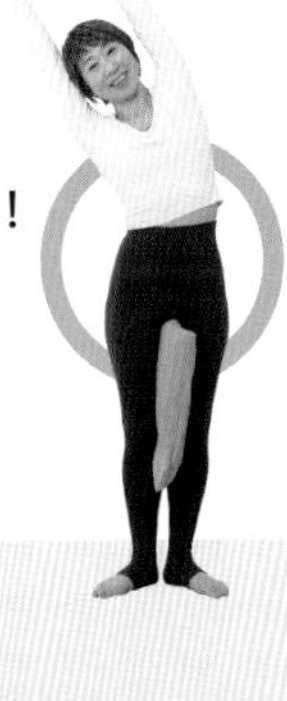

「おサボリ筋」と「でしゃばり筋」

私たちは身体のすべての筋肉を平等に使えているということはほとんどなく、気づかないうちに**負荷がかかりすぎてしまう筋肉「でしゃばり筋」**と、**あまり使われない筋肉「おサボリ筋」**とに分かれてしまいます。

関節には2つ以上の筋肉がつき、それぞれの役割を果たしています。だから、曲げることができる関節は伸ばすこともできます。外側にひねることができる関節は、内側にひねることもできます。

でも実際は、片方の筋肉ががんばりすぎていて、もう片方の筋肉がサボってしまいがち。その結果、**ゆがみが生まれ、コリや痛みなどが生じる**ハメに……。これが、おサボリ筋とでしゃばり筋の関係です。

また**同じ姿勢をとり続けること**でも、おサボリ筋は増えていきます。筋肉は使われないことで動かなくなり、衰え、萎縮していく性質があるので要注意です。**活発でない筋肉の回りには脂肪がつきやすくなる**ため、贅肉が目立つようにもなります。

本書をお買い上げいただき、誠にありがとうございました。
質問にお答えいただけたら幸いです。

◎ご購入いただいた本のタイトルをご記入ください。

『　　　　　　　　　　　　　　　　　　　　　　　　』

★著者へのメッセージ、または本書のご感想をお書きください。

●本書をお求めになった動機は？

①著者が好きだから　②タイトルにひかれて　③テーマにひかれて
④カバーにひかれて　⑤帯のコピーにひかれて　⑥新聞で見て
⑦インターネットで知って　⑧売れてるから／話題だから
⑨役に立ちそうだから

生年月日	西暦　　年　　月　　日（　　歳）	男・女	
ご職業	①学生	②教員・研究職	③公務員	④農林漁業
	⑤専門・技術職	⑥自由業	⑦自営業	⑧会社役員
	⑨会社員	⑩専業主夫・主婦	⑪パート・アルバイト	
	⑫無職	⑬その他（　　　　　　）		

ご記入いただきました個人情報については、許可なく他の目的で使用することはありません。ご協力ありがとうございました。

郵 便 は が き

お手数ですが、
切手を
おはりください。

1510051

東京都渋谷区千駄ヶ谷 4-9-7

(株) 幻 冬 舎

書籍編集部宛

ご住所 〒 都・道 府・県	フリガナ お名前
メール	
インターネットでも回答を受け付けております https://www.gentosha.co.jp/e/	

裏面のご感想を広告等、書籍の PR に使わせていただく場合がございます。

幻冬舎より、著者に関する新しいお知らせ・小社および関連会社、広告主からのご案内を送付することがあります。不要の場合は右の欄にレ印をご記入ください。 不要 □

「おサボり筋」と「でしゃばり筋」

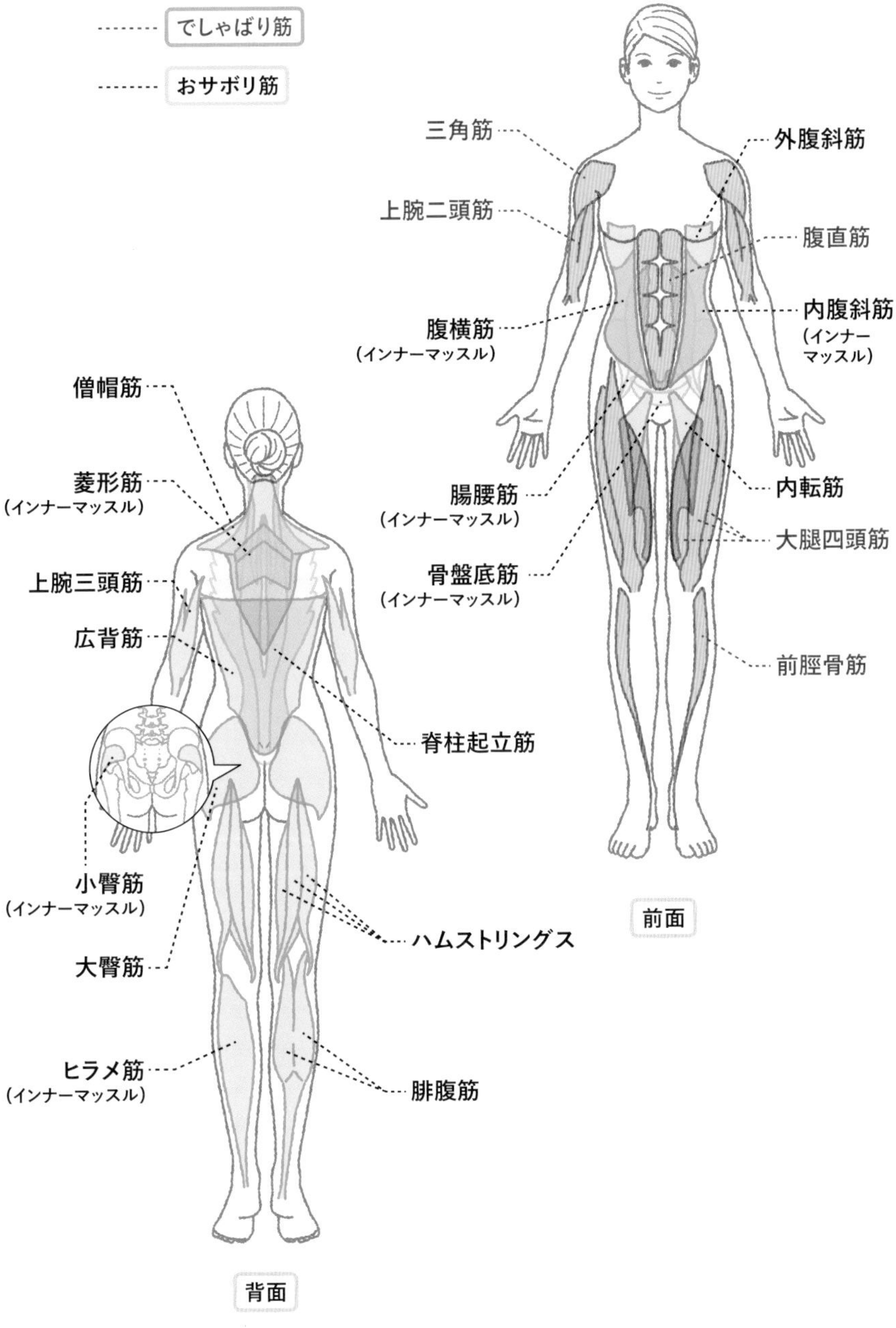

なぜ「今日から一生、内ももを締めなさい」なのか

両脚の太ももを閉じて椅子に座ってみてください。「ひざをくっつける」のではないですよ。「太もも全体を閉じる」ように意識してください。あなたは何秒間、閉じ続けていられるでしょうか。

「疲れたぁ」と太ももをすぐ開きたくなる人は、内ももの筋肉「内転筋」が衰え始めています。つまり、おサボリ筋になっている可能性が大。

私が冒頭で「今日から一生、内ももを締めなさい」と言ったのはなぜか。それは、**美しいボディラインのために内転筋は超がつくほど重要**だからです。内転筋を鍛えれば、お腹のインナーマッスルと密接につながっているため、身体のコアが鍛えられ、ウエストがおのずと引き締まってきます。

また尿もれや内臓下垂などを引き起こすおサボリ筋・**骨盤底筋を意識しやすくなります**。要は内ももを締めるだけで、キレイを手に入れ、老化だと諦められているＱＯＬの低下も遠ざけられるのです。

正しい「内ももの締め方」とは、内ももと同時にお尻の穴（会陰部）を締め、お腹をひっこめること。ひざは離れていてもかまわないです。「太ももで1枚の紙をはさむ」とイメージすると、わかりやすいかもしれません。

ひざだけをくっつけようとするのはNGです。股関節がつまって血行やリンパのめぐりまで悪くなり、下半身やせから遠ざかります。

POINT

正しい「内ももの締め方」

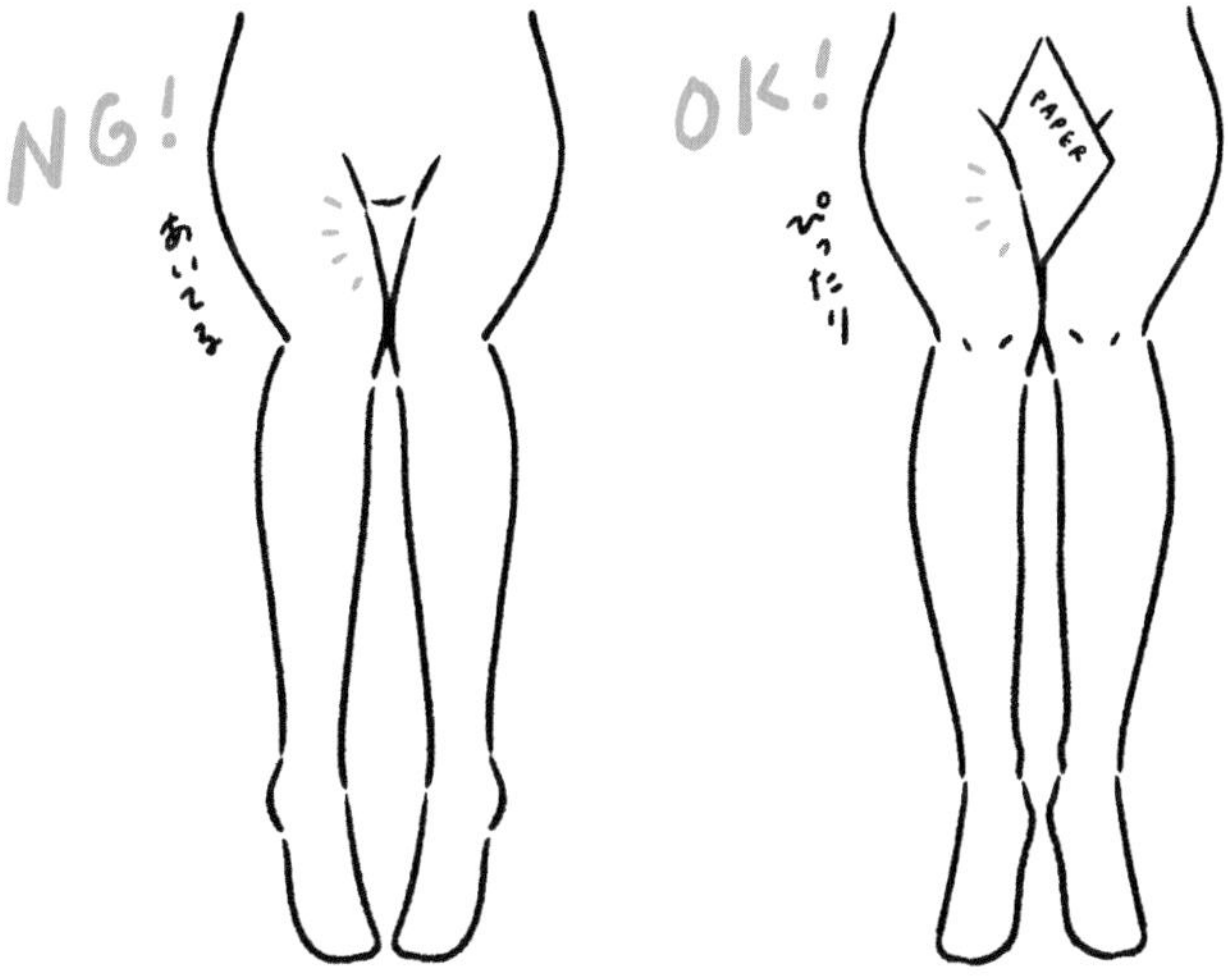

キレイは背中から作られる

内ももが下半身のポイントだとすると、上半身のポイントは「背中」です。

私たちはデスクワークやスマホ操作、家事や育児など、前傾姿勢で手を使うことが多いため、**身体の前側にはでしゃばり筋が、うしろ側にはおサボリ筋ができやすくなっています**。

特に、肩関節と肩甲骨を中心とした背中一帯の筋肉が、おサボリ筋になりやすいのです。**身体のキレイは背中から作られる**、というのが私の持論です。背すじの伸びた、無駄な肉のない背中が美しい、という意味もありますが、それだけではありません。

背骨の脊髄には自律神経が通っているので、背骨のつまりが解消されてバランスが安定することによって血流やリンパのめぐりが改善します。私のクライアントの方も、ガチガチの背中をリリースとエクササイズによってほぐしてあげると瞬時に顔の血色がよくなり、むくみがとれてスッキリと引き締まります。

逆にいえば、**背中がほぐれないと身体はラクにならないし、やせにくい**のです。

では具体的にいったいどうすればよいのでしょうか？

次の2つを意識することで、おサボリ筋とでしゃばり筋のバランスがとれ、理想的なボディラインへと近づいていきます。

1つ目は、常に酷使され硬くなっている**でしゃばり筋を、ふかふかな状態にゆるめる（リリースする）**ことです。血流が改善されて、酸素交換や老廃物の排出がスムーズにできるようになります。

2つ目は、**おサボリ筋を刺激して、本来もっているはずの力をきちんと発揮してもらう**ことです。

POINT

でしゃばり筋をゆるめて、おサボリ筋を刺激する

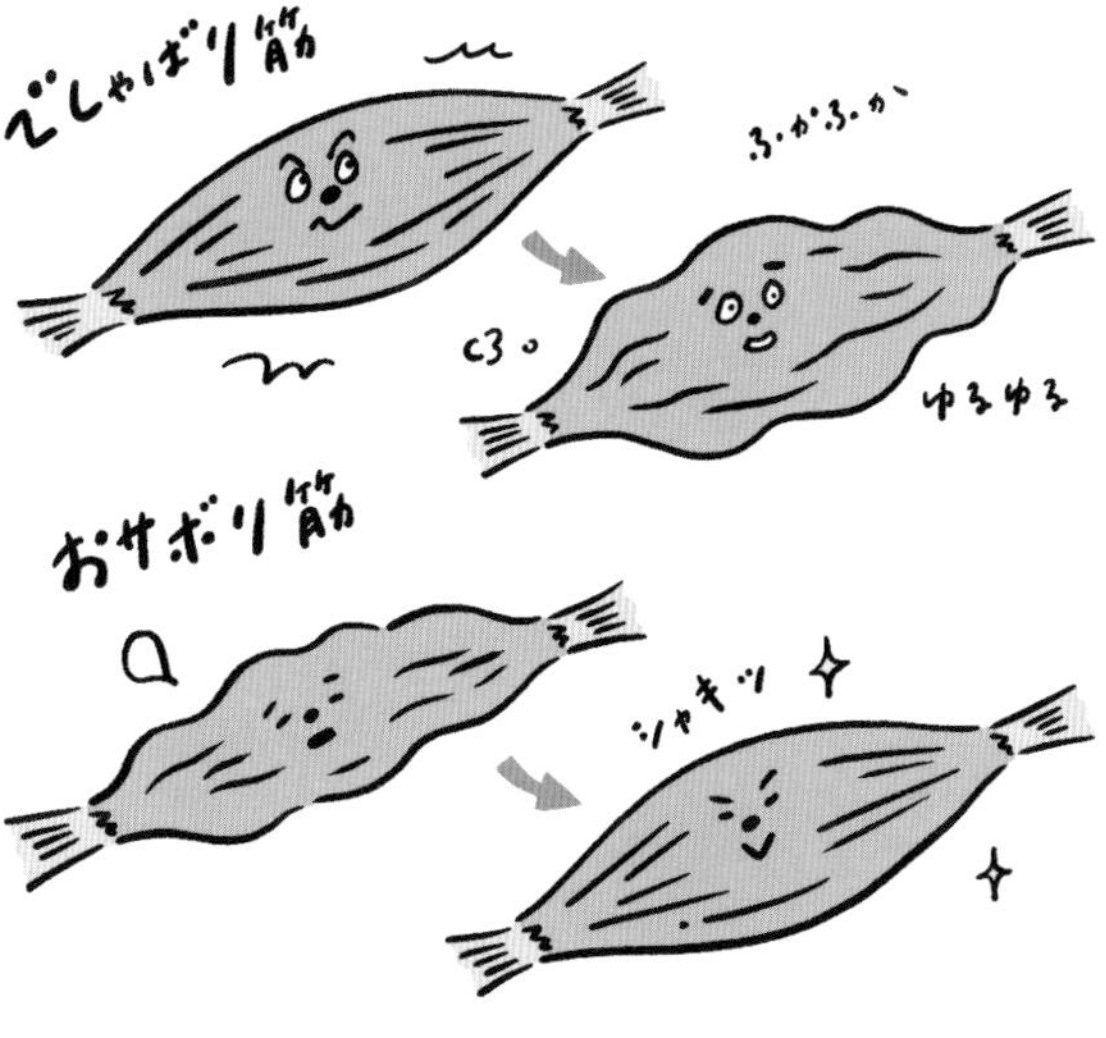

体重より身体のラインが美の秘訣、正しい姿勢を目指そう！

クッションピラティスで目指すのは、体重を減らすことではなく、身体のラインを美しく整え、機能を最大限に発揮できるようにすること。

とはいえ**関節のつまりがとれて動かしやすくなれば活動量が上がる**ので、体重もおのずと落ちていきますから心配はいりません。

では、目指すべき美しい身体のラインとはどんなものか？　それは正しい姿勢です。ヘルスケアの世界には正しい姿勢の定義があり、**耳たぶ（耳垂《じすい》）**、**肩峰《けんぽう》（肩の出っ張った骨）**、**大転子《だいてんし》（股関節の出っ張った骨）**、**ひざの中央**、**外くるぶし**、これらが一直線上にあるのが正しい立ち姿勢です。

骨格、筋肉、関節、内臓などすべてが本来の定位置に戻り、その機能をじゅうぶんに発揮できるようになります。血流やリンパなどのめぐりも改善し、身体が引き締まり、ボディラインが整っていく姿勢です。

今の姿勢を簡単セルフチェック！

やり方 スマホのカメラのタイマー機能を使うなどして、横向きの全身写真を撮ります。重心線から5つのポイントがずれていないかをチェック。

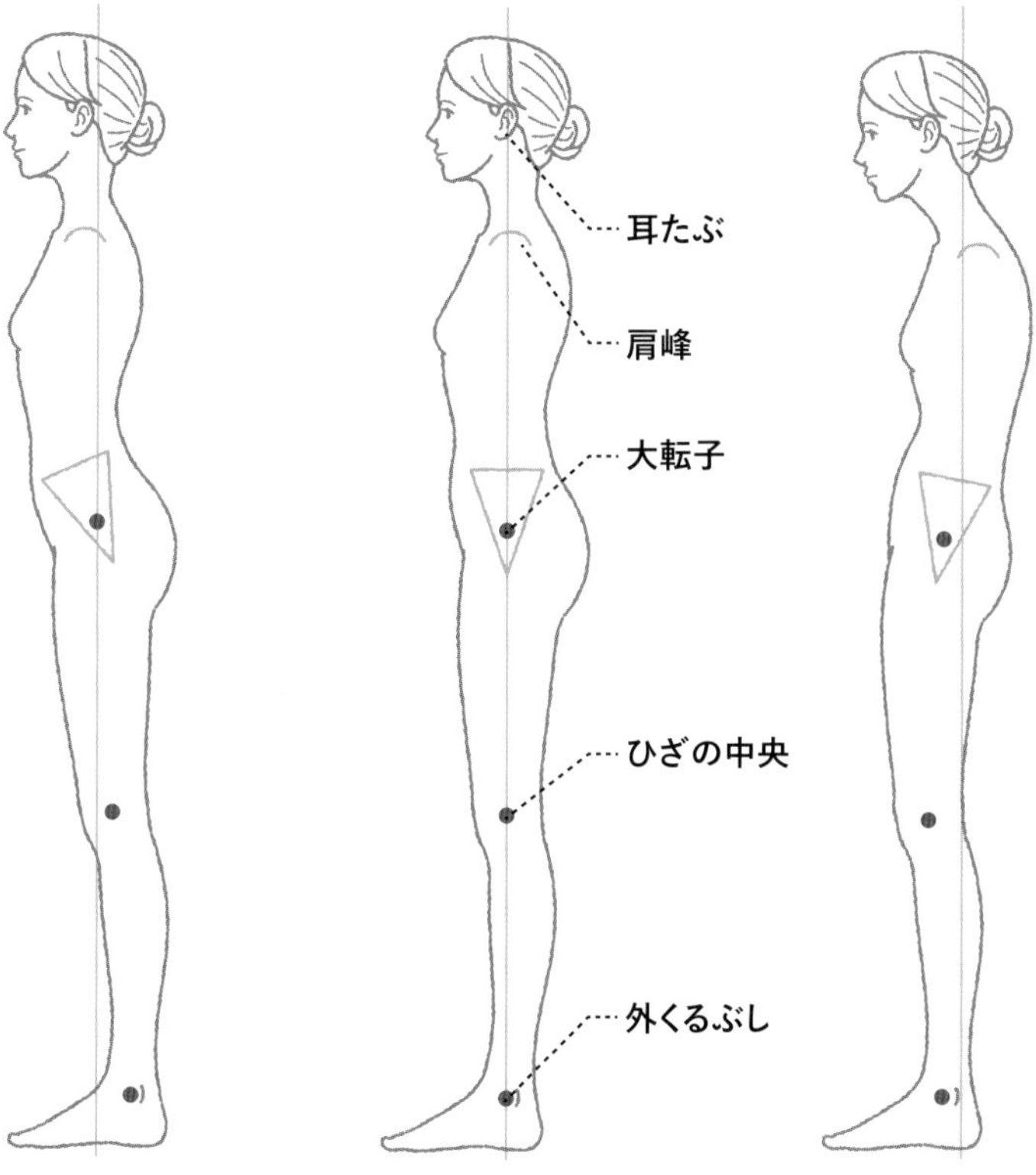

NG

骨盤前傾型

重心線より耳たぶと肩峰が前、ひざの中央と外くるぶしがうしろ。

OK

耳たぶ、肩峰、大転子、ひざの中央、外くるぶしが重心線上に一直線に並ぶ。

NG

骨盤後傾型

重心線より肩峰がうしろ、耳たぶと大転子とひざの中央と外くるぶしが前。

KAORU式ピラティスは一石三鳥のトレーニング

ものすごく単純化していうと、**ピラティスとは「柔軟＋筋トレ」**。身体をやわらかくすることと、体幹を鍛えることを目的とする運動です。

ＫＡＯＲＵ式ピラティスは、そこに「関節のクセを直す」、つまり関節を正しく動かし可動域を広げるという目的を加えています。一石三鳥のトレーニングなのです。

関節を動かそうとするのに、うまく動かないことがあります。たとえば座って前屈しようとしても、腰がつっぱる感じがして痛くて前に倒れられない、なんてことがありますよね。そんなとき、周囲には必ずといってよいほど**筋肉の中に硬い部分**があります。それが**身体と意識の邪魔をしている**わけです。

ですから、その硬い部分を念入りにほぐして、そして正しく伸ばしてクセを直す。そのあとで鍛えていく、というプロセスが大事です。

股関節と肩関節が動けば身体はラクに、キレイになる

可動域を広げるべき関節の中でもKAORU式ピラティスが特に大切にしているのが、股関節と肩関節という人体の中でも大きな2つの関節です。共通点は、どちらも「**球関節**」であること。接合部分が球と受け皿のかたちをしていて、そのため、ほかの関節とは異なり「回す」という大きな動きができます。

クセを直したい、動きをよくしたい関節は無数にあるものの、ひとまずこの**2大関節さえ正しく動けば身体は格段にラクにな**

POINT

股関節と肩関節は「球関節」である

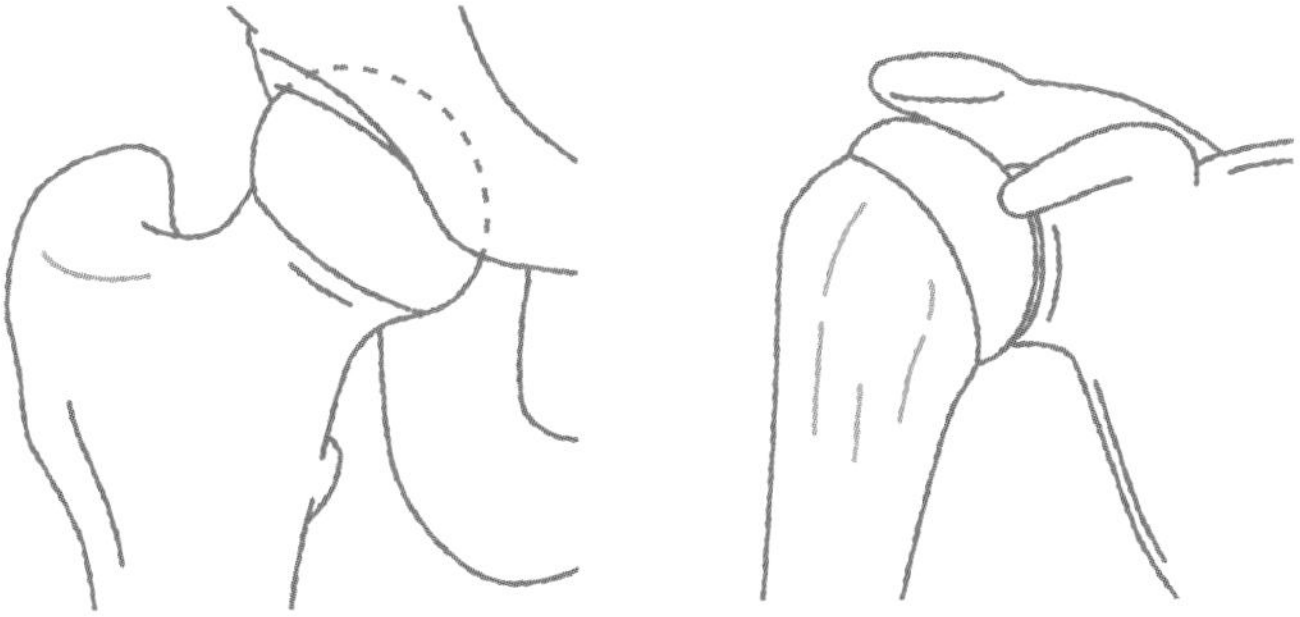

股関節　　肩関節

関節の接合部分が球状をしているため、可動域が広く、自由度の高い運動が可能です。

ります。本書のリリース&クッションピラティスはどれも、2大関節の可動域を広くすることを念頭に考案してあります。

よくほぐれている、やわらかい筋肉こそ理想

意外かもしれませんが、理想の筋肉とは、よくほぐれている、やわらかい筋肉です。「なんだ、それなら私の筋肉もそんな感じだ」「やわらかい筋肉がいいんだったら鍛えて硬くしないほうがよさそう」と思うかもしれませんが、ちょっと待ってください。ただやわらかいだけではなく、必要に応じて**瞬時にきゅっと締まり、役割を果たし、力を発揮する**ことができなければいけません。

関節の動きをよくしながら、体勢を保持する安定力をつけていくと、バランスのとれた身体が作られていきます。

全身の筋肉は、まるでボディスーツのような筋肉の膜で覆われ、すべてが連動しています。どこか1か所だけを部分的に鍛えるのではなく、**全身の筋肉の連動性を高めることが大切**なのです。

でしゃばり筋だけを働かせるのではなく、おサボリ筋まできちんと働かせて、全身の細かな筋肉が連動してバランスよく動く。ＫＡＯＲＵ式ピラティスは、そんな理想も叶えます。

身体の正しい動き方・使い方を、脳と身体にクセづけし直して、**自分史上最大限に機能的に動ける身体**を手に入れましょう。

POINT

やわらかく、瞬時に締まる筋肉

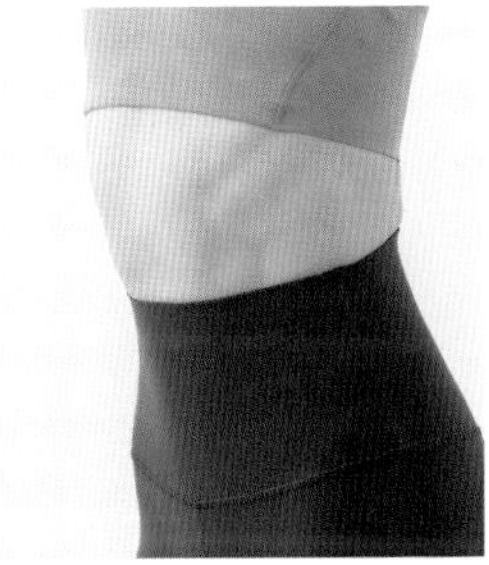

やわらかそうな見た目をしている私の腹筋ですが……

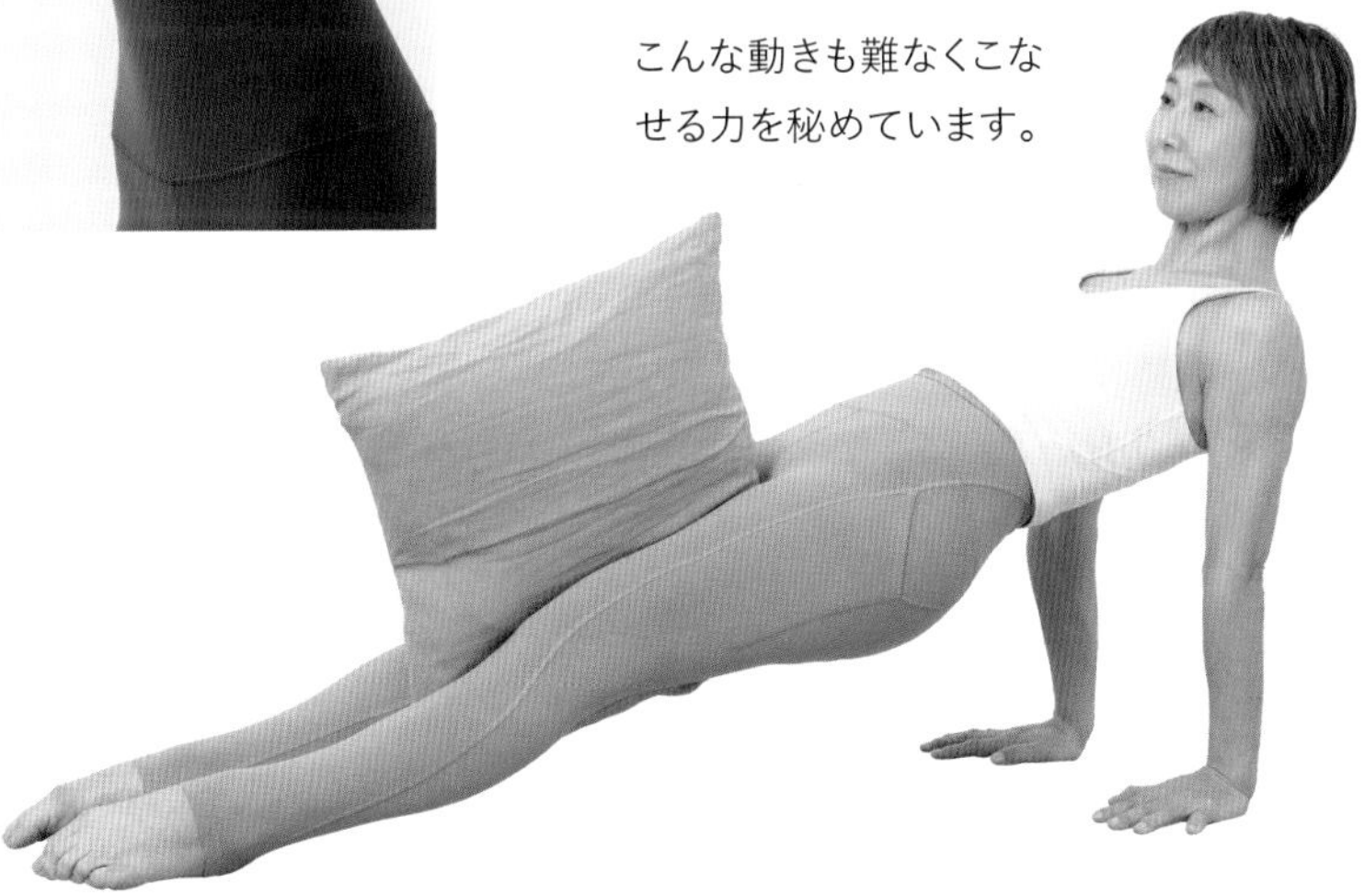

こんな動きも難なくこなせる力を秘めています。

COLUMN

ピラティスの歴史

1915年頃、ドイツ人のジョセフ・ピラティス氏が敵国イギリスの収容所に収監された際、病人や負傷兵のためのリハビリテーションとして考案したのが、ピラティスの始まりです。ピラティス氏は病院のベッドを改造してトレーニング器具まで作りました。これがピラティス専用マシンの原型です。

のちに釈放された彼がニューヨークに渡ると、バレエダンサーやブロードウェイダンサーの間で「パフォーマンスの上がるエクササイズ」として流行し、世界中に広まりました。一説によれば愛好家は世界で1700万人以上！　K-POPスターにピラティス好きが多いことから、日本でも何度目かの盛り上がりを見せています。

さて、ヨガとよく比較されるピラティスですが、動きは似ていても、精神の安定を目指すのがヨガ、身体を本来の姿に戻していくことを目指すのがピラティスです。また、一般的な筋トレともかなり違います。筋トレは身体の表面に近いアウターマッスルの筋力アップや筋肥大を狙いますが、ピラティスがアプローチするのはインナーマッスル。過剰に鍛えることではなく「身体が本来もつ機能を最大限に引き出すこと」を目指しています。

そもそも起源がリハビリですから、妊婦からシニアまで誰でもおこなえるのが最大の魅力。寝たままの姿勢でも可能です。実際、世界中の病院や老人ホームなどでピラティスのメソッドは活用されているのです。

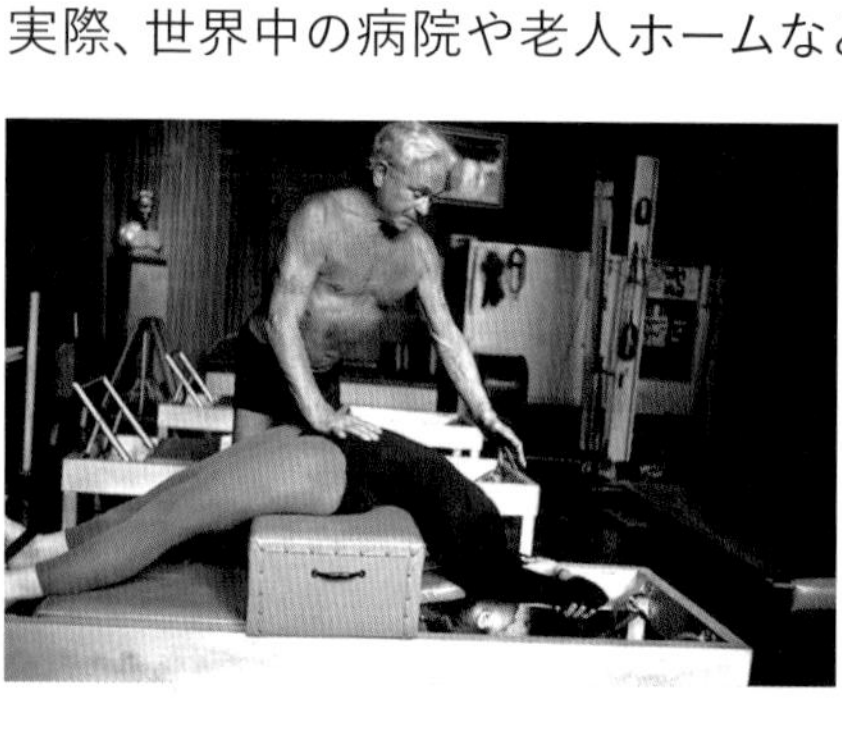

ニューヨークのスタジオでエクササイズを指導するジョセフ・ピラティス氏。1961年撮影。
(Photo by I.C. Rapoport/Getty Images)

Chapter 2

なにはなくとも
まずRelease

関節の動きをよくすることが、
ダイエットではいちばん大切

もっとも効率よくダイエットをする方法とはいったいなんでしょう。筋トレ？　ウォーキング？　ランニング？　どれも間違いではありませんが、いちばん効率よくやせるなら「関節の動きをよくすること」、これに尽きます。

たとえ同じ距離を歩いていても、関節の動きが悪い人と動きがよい人とでは歩幅も腕のふりかたも異なり、消費するエネルギーは大きく変わってきます。筋肉を鍛えるより先に、関節の動きをよくすることがダイエットにはもっとも重要というわけです。

筋肉を包む薄い膜「筋膜」をゆるめて（リリース）、伸ばす（ストレッチ）。骨格を整え、関節の可動域を広げていきましょう。身体の状態を本来あるべき位置にリセットするだけでもゆがみがとれて、全身のボディラインが美しくなりますよ。

もちろん、クッションピラティスがぐんとやりやすくなって効果が高まります。準備運動のつもりで毎日の習慣にするのがおすすめです。

用意するものは

テニスボール

or

フェイスタオル

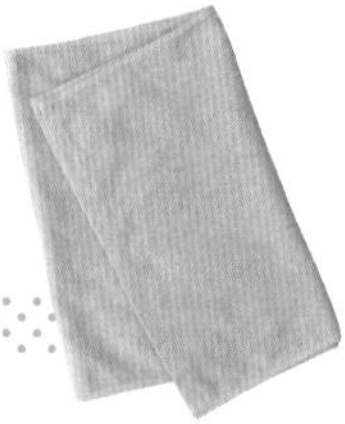

筋膜リリースにはいろいろな方法がありますが、私のおすすめはテニスボールを使ってのリリース。ただ、「家にテニスボールがない！」という方がいらっしゃると思うので、本書では手技とフェイスタオルを使って筋膜をほぐす方法をご紹介します。

KAORU式はテニスボールがおすすめ！

「テニスボールでの筋膜リリースはどうやってやるの？」と気になった方は、私の著書『テニスボールダイエット』をぜひご覧ください。また、P.46からのリリースのページには、テニスボールでおこなう方法の動画が見られるQRコードを入れています。

テニスボールは100円ショップのボールでもOK。ただし、やわらかすぎるボールだと筋膜をほぐす効果が弱いので、おすすめは缶入りで売っている「プレッシャーボール」です。

『女優やモデルのおうち習慣 テニスボールダイエット』KAORU著（小社刊）

テニスボールの代わりに……

ふた結び
フェイスタオル

作り方

薄めの
フェイスタオルを
1枚用意。

固めに1回結びます。

結び目に重ねるように
もう1回結んで
球状に丸めればできあがり。

メジャーでサイズを測って即効性を実感！

おうちにメジャーがあれば、リリース&エクササイズのBEFORE／AFTERのサイズを測ると、即効性が実感できますよ。P.20～のモニターの方々よりもさらに効果が出ているかも!?

足裏リリース

動画で
CHECK!

毎日これを習慣化するだけでも骨盤が整い、ウエストやせに直結。
足裏リリースを習慣にしていると冬場でも冷えづらくなります。

テニスボールでの
リリース方法は
こちら

1

背すじを伸ばして椅子に座り、右の太ももに左の足首をのせる。

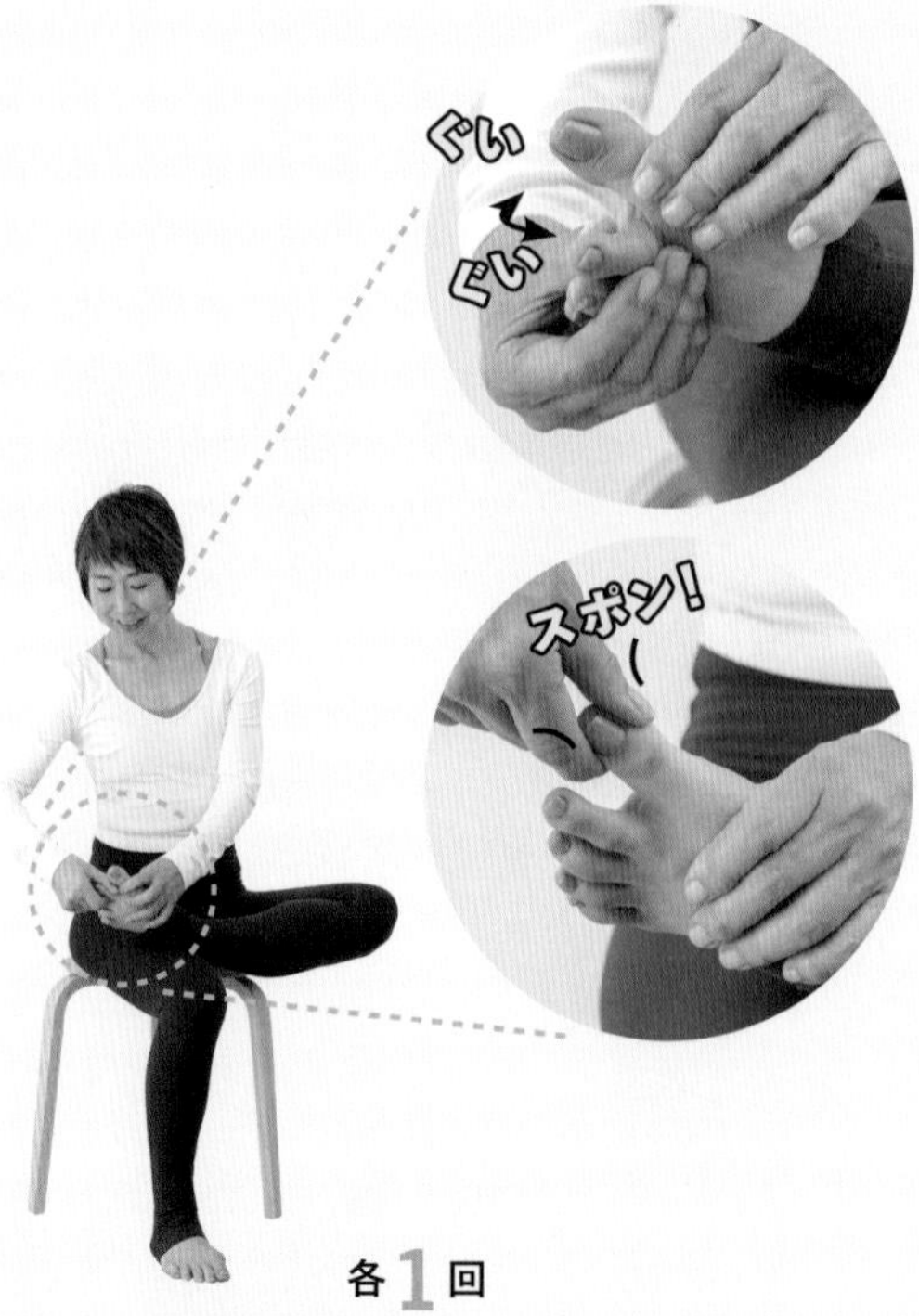

各1回

2

足の指を1本ずつつまんで前後に動かす。右手の親指と人差し指で引っこ抜くようにしてほぐす。

5回

3

足の5本の指の間に右手の指を入れる。そのまま強く握手。

両方向に5回転ずつ

4

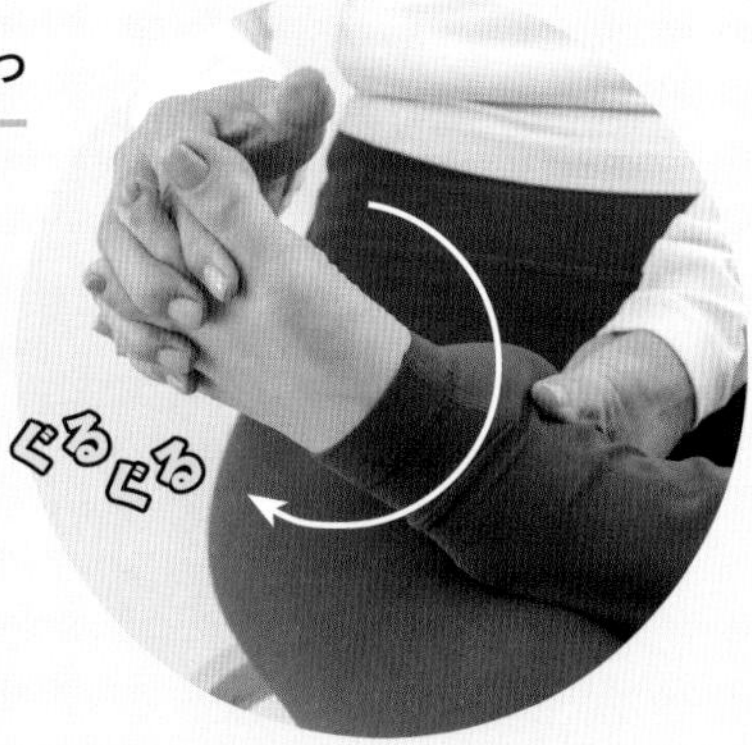

❸の状態で、左手でかかとを支え、足首から先を回す。

10往復

5

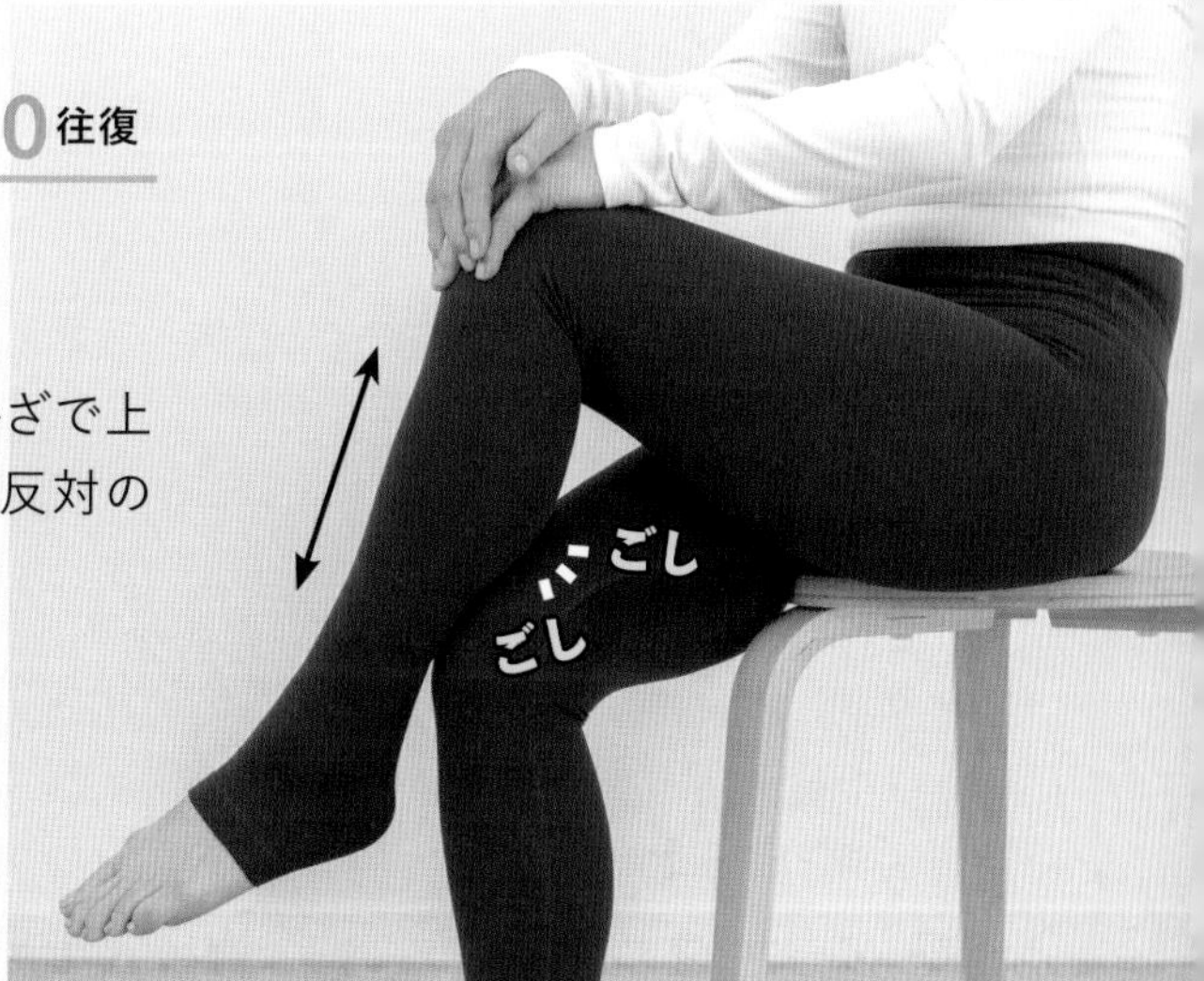

左のふくらはぎを右ひざで上下にこすってほぐす。反対の足も❶〜❺を同様に。

なにはなくともまずRelease

内ももリリース

動画で
CHECK!

股関節と内ももの筋肉に同時にアプローチ。
下半身のむくみも撃退します。

テニスボールでの
リリース方法は
こちら

1

背すじと腰を伸ばして椅子に座り、脚を限界まで大きく開いて、ひざに軽く手をつく。

肩をねじって内側に入れすぎないように!

2

左右交互に5回ずつ

上体を前に倒し、右肩を内側に入れながら、右ひざを外に押して内ももをストレッチ。内ももが限界まで伸びたところで5秒キープ(呼吸を忘れずに)。身体をセンターに戻し、次に左肩を内側に入れて同様に。

呼吸をとめないように

肩のストレッチではなく、内ももを伸ばす

3

左の太ももに右の足首をのせる。両腕を高く上げて頭上で手を組んで背伸び。

左右3回ずつ

4

手はおろして背すじを伸ばしたまま、お尻をうしろに突き出しながら上半身をゆっくり倒す。お尻の筋肉が気持ちよく伸びているところで10秒キープ。反対の足首を太ももにのせて3〜4を同様に。

骨盤底筋リリース

動画でCHECK!

最初は体重のかけ具合を加減しながらおこなって。
尿もれの改善効果も。

1

薄めのフェイスタオルを2回結んで大きめの玉を作る(P.45)。

2

タオルの玉が会陰部にあたるよう、玉に身体をのせる。そっと身体をゆらしたり、上下に動いたりして骨盤底筋をほぐす。

3

10回

膣《ちつ》を締めるようにタオルの玉をはさむ。

動画で
CHECK!

下腹部リリース

股関節回りの深い筋肉を刺激。
骨盤が安定して、血流のめぐりも改善します。

1

フェイスタオルの玉が下腹部の左側にあたるようにしてうつ伏せに。

左右1回ずつ

2

玉をあてた側の脚はひざを軽く外に曲げ、逆の脚は伸ばす。玉に身体の重みをかけて、10〜20秒間キープ。反対側も同様に。

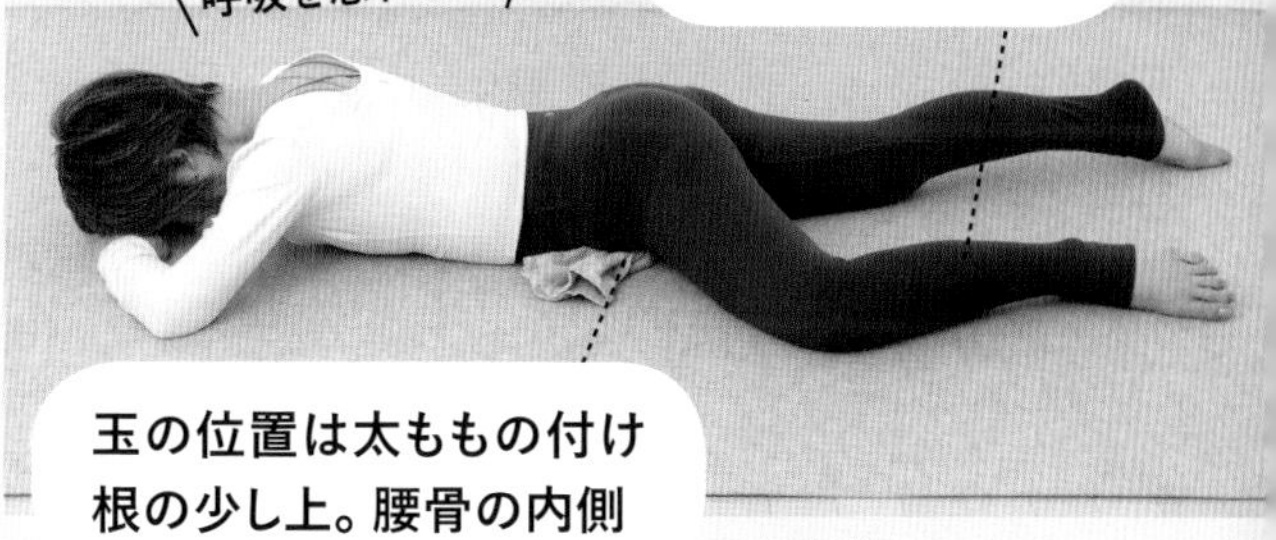

ひざを曲げると痛かったり、どこかがつりそうだったりするうちは両脚を伸ばしていてもOK

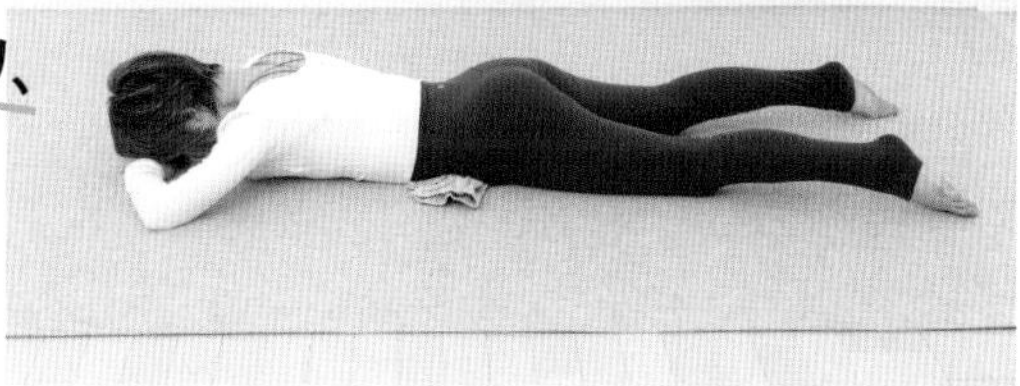

肩回りリリース①

肩甲骨ストレッチ

肩甲骨や肩関節の可動域をムリなく広げます。
肩甲骨の開閉に意識を集中させて。

動画でCHECK!

テニスボールでのリリース方法はこちら

1

四つん這いになる。手首の位置は肩の真下に。肩が上がらないようにわきを締める。

手を置く幅は肩幅よりせまくしない

5回

2

肩甲骨を寄せる（胴が下がる）、開く（胴がもち上がる）。このセットをくりかえす。

5往復ずつ

3

慣れてきた人は、肩甲骨を寄せたまま、胴を左右に動かす。次に肩甲骨を開いたまま、胴を左右に動かす。

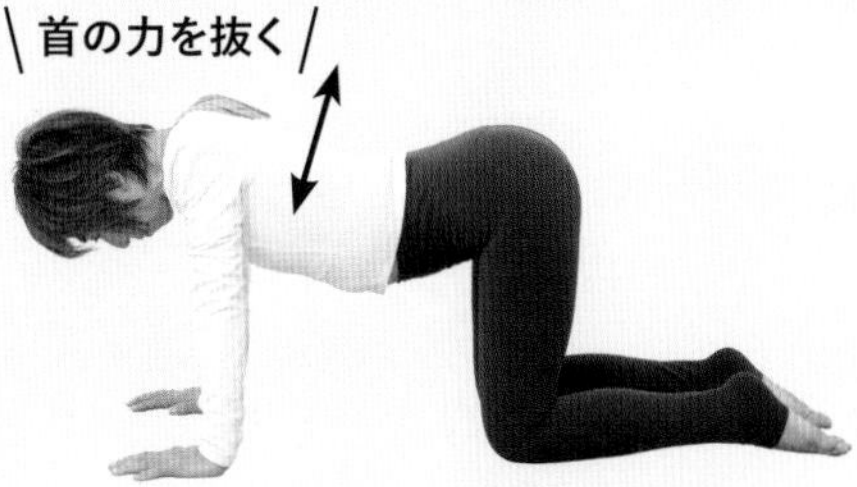

動画で
CHECK!

肩回りリリース②

前腕ストレッチ

デスクワーク多めの人に特におすすめ。
前腕を指先までゆるめることができます。

テニスボールでの
リリース方法は
こちら

1

足の指が重ならないように正座して、前に伸ばした手のひらを180度回転させた状態で床につく。手の位置は肩幅。

指をしっかり
伸ばして手を開く

左右交互に
20回

2

肩甲骨を下げて、お尻をうしろに引く。「イチ、ニ、イチ、ニ……」と手のひらで足踏みをする感覚で、手のひらと腕全体を伸ばすように、左右交互にひじを曲げてストレッチ。

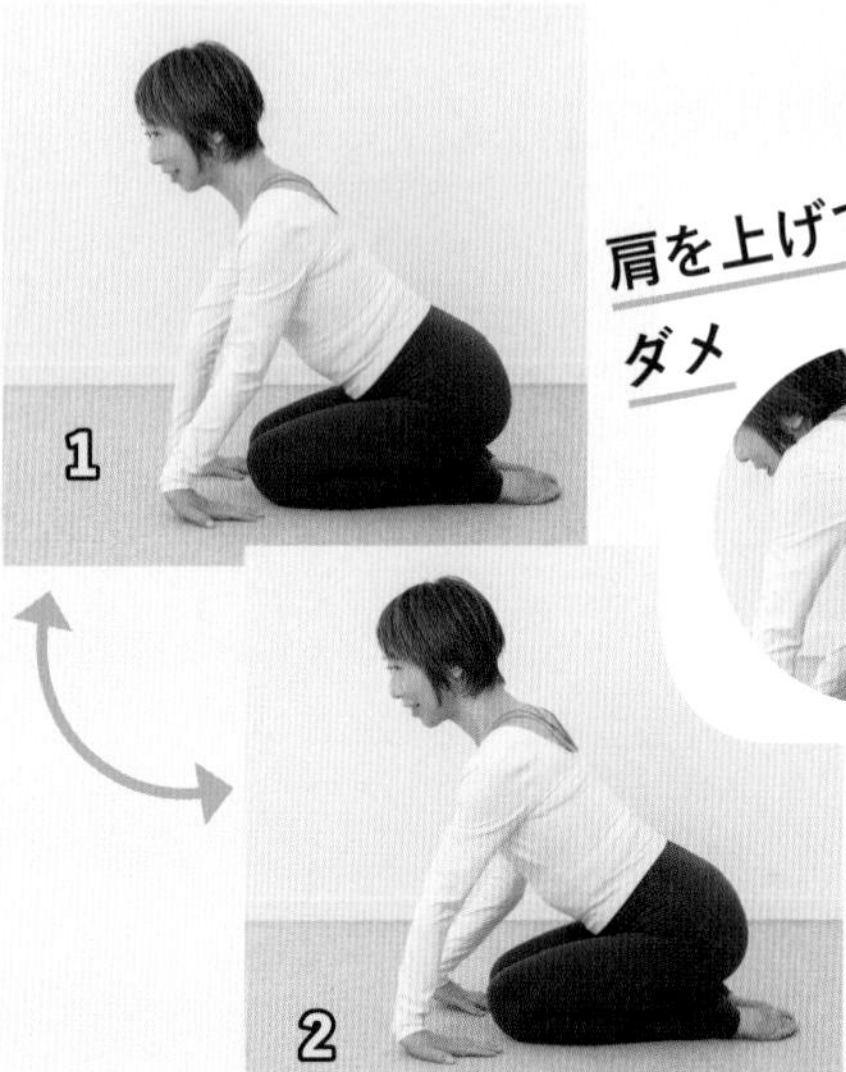

肩を上げてはダメ
NG

動画で
CHECK!

特別編

チャイルドポーズ

伸展の動き（体を反る動き）のあとにはこのポーズを。
腰に違和感を覚えたときも、すぐにこのポーズでゆるめましょう。

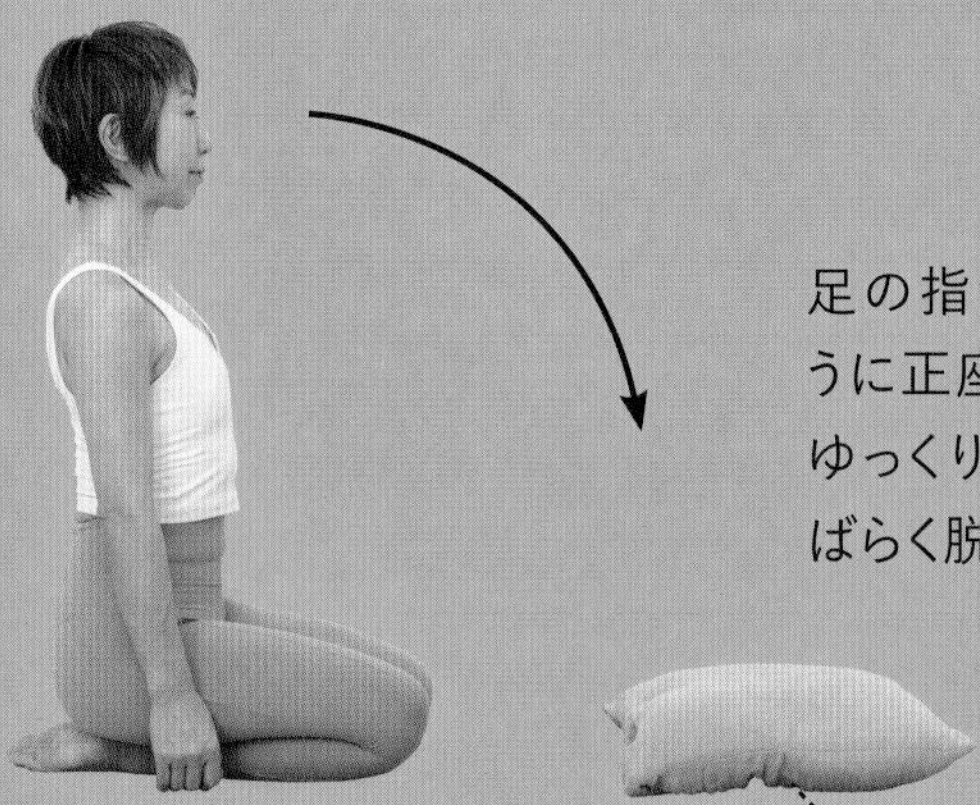

1

足の指が重ならないように正座して、上半身をゆっくりと前に倒してしばらく脱力。

クッションを前に置いておでこをのせるとラク

＼腰を左右にゆらしても気持ちいい／

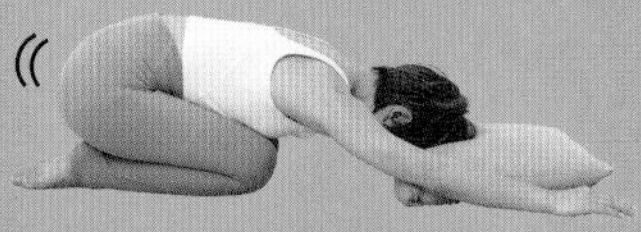

2

背骨を1本ずつ下から起こすイメージで上半身を起こしていき、頭は最後にゆっくり起こす。

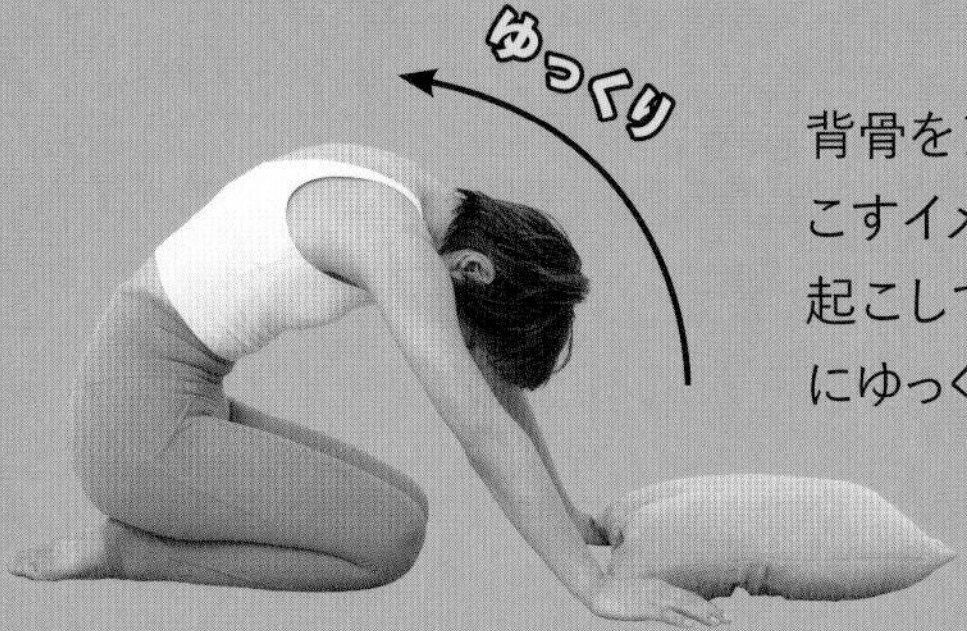

COLUMN

自分の身体を評価する必要はない

皆さんにぜひお伝えしたいのが、「自分の身体をよい悪いで評価する必要なんてない」ということです。身体の状態は毎日違うのが当たり前です。前日のお酒が残っているな、デスクワークが続いて腕が固まっている、ヒールの高い靴を履いたからふくらはぎに疲れが出ているな……。

こんなとき、クライアントや生徒さんの多くが「不健康な生活で、ダメですよね」と伏し目がちにおっしゃいます。でも、ダメなんてことはないのです。自分がどういう状態であるかを観察することは大切だけれど、身体をよい悪いで評価するのは無意味です。

まじめながんばりやさんほど「自分はダメだ、なんとかしなきゃ」と考えがちですが、その思考のクセを手放すことを、意識的にやってみてください。

エクササイズをしてみて、今日は腕が外側によく動くな、内側に動きづらいな、だけでいいのです。そこで止めておく。自分を否定するアクションを減らすことで、身体と向き合うのが楽しくなってきます。

身体の状態を常に観察するのは、健やかで美しい身体作りの第一歩。あなただけがもつ唯一無二の身体を、あるがままに愛してあげてください。

Chapter 3

基本の
Cushion Pilatesで
くびれ美人に

くびれのキモとなる
おサボリ筋「腹斜筋」

「シックスパック」と呼ばれる板チョコのように割れた腹筋は、かっこよくて憧れますよね。でも、実はシックスパックはウエストのくびれとは無関係。お腹の正面に位置する腹直筋は「でしゃばり筋」で、意外にも鍛えるのが難しくない場所なのです。

いっぽう、くびれを作るのがお腹の横に斜めに走る「腹斜筋」です。腹斜筋とは外腹斜筋と、インナーマッスルである内腹斜筋という2つの筋肉のこと。ここではまとめて「腹斜筋」と呼ぶことにします。腹斜筋は、肋骨と骨盤につながっていて、体幹を安定させたり、内臓の下垂を防いだりする役割を担っています。この腹斜筋を鍛えることで、わき腹が引き締まり、理想のくびれが手に入るというわけです。

ところが身体の構造的に、お腹の真正面にある腹直筋がでしゃばりやすく、腹斜筋は鍛えづらくなっています。そこでおサボリ筋「腹斜筋」を目覚めさせ、でしゃばり筋「腹直筋」を休ませる、効果的なクッションピラティスのエクササイズをご紹介します。

用意するものは

もちろん**クッション！**

KAORU式ピラティスを
簡単に、安全に、効果的におこなうため、
クッションをご用意ください。

大きさは**45センチ×45センチ**ぐらいが便利です。
2つ折りにできるやわらかさがあればなおよし。

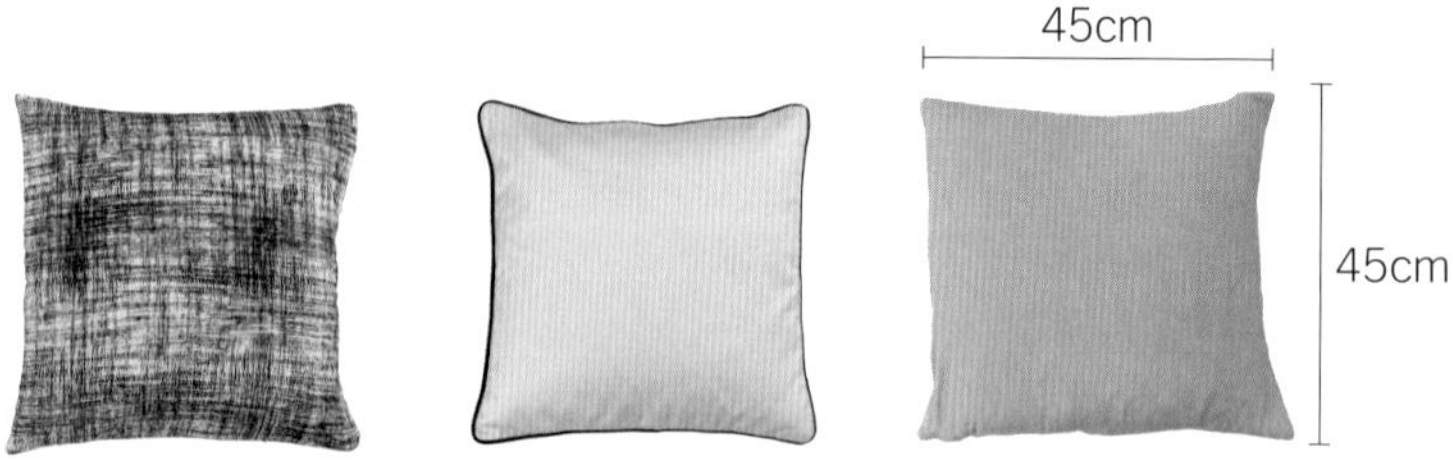

クッションは**最大3つ**使用します。

クッションがなければバスタオルや枕でもOK！

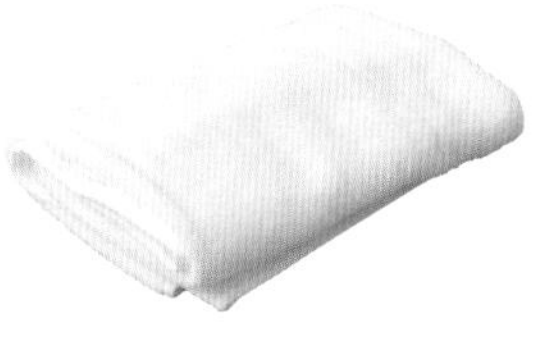

効果を高める POINT

1
一定の速度で動かす

ピラティスは一定の速度を保ちながら、流れでおこなうことが大切。理想は「流れるような動き」。創始者のジョセフ・ピラティスが提唱した6原則のひとつでもあります（ほかの5つは呼吸、集中、コントロール、センタリング、正確性）。

2
可動域以上の動きをしない

「もっと大きく」「もっと高く」など、過剰ながんばりは禁物。パーツを先端から順番に動かすことを大切にします。「身体は大きく動かせば動かすほどいい」という思い込みを手放し、「自分の可動域の中で、関節をよりなめらかに動かすこと」を目標にします。

3
強めにフゥーと吐く呼吸を忘れずに

音がするぐらい強めに吐く呼吸を意識します。呼吸がおろそかになると、筋肉の動きにストップがかかります。「呼吸と動きはセット」と覚えてください。

4
クッションをひざで押し込んではダメ。太もも全体ではさむ

太もも内側の内転筋に効かせるつもりでクッションをはさむこと。ひざだけでクッションを押し込むのでは内転筋にしっかりアプローチできません。

5
動きができないのは筋力ではなく硬さが原因

動きができなかったり、痛かったり、つったりするのは筋肉が硬いから。「筋力がないから」ではないのです。エクササイズに応じたリリースでよくほぐすと、不思議なほど動かしやすくなります。

クッションピラティスを始める前に

骨盤を正しい位置にセット

ニュートラル

本書のほとんどのエクササイズで使う、身体を安定させる姿勢。左右の上前腸骨棘《じょうぜんちょうこつきょく》（骨が出っ張っている部分）と恥骨結合を結ぶ三角形を目安にします。

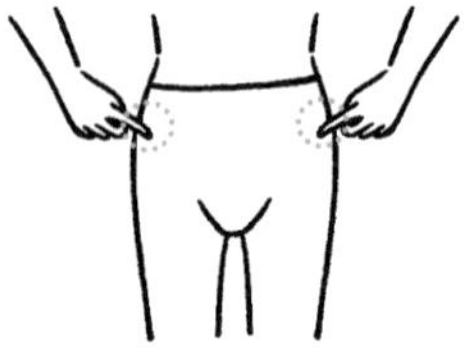

左右の上前腸骨棘

仰向け

三角形が床と平行な状態がニュートラル。手のひら約1枚ぶんのすきまが腰と床の間に自然とできているはず。

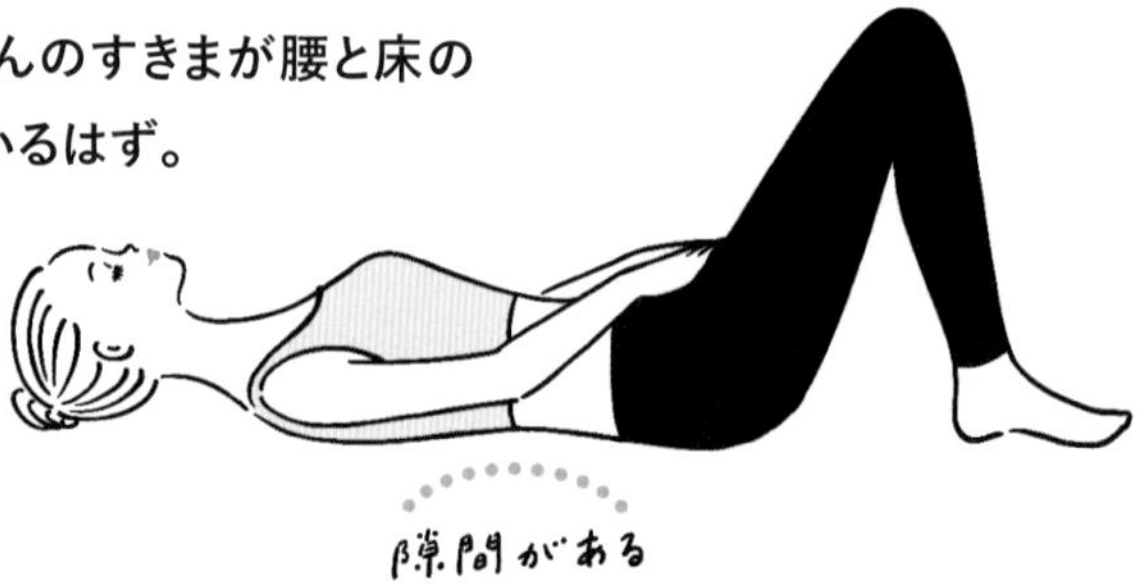

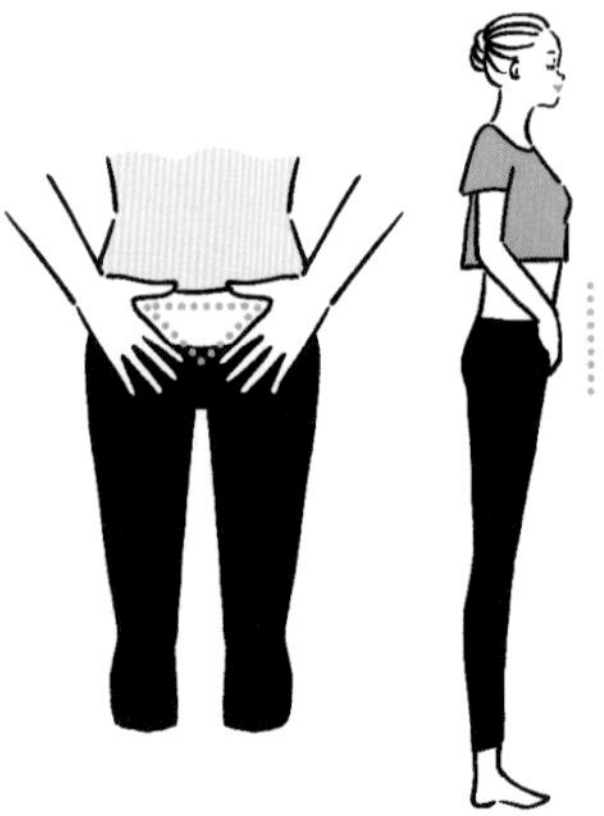

立ち姿勢

お腹の上で指先を恥骨側に向けて三角形を作る。三角形が床と垂直な状態がニュートラル。

腰を痛めないために、ピラティスでは骨盤の正しい位置を意識することがとても大切。ここでは2つの基本姿勢をご紹介します。

インプリント

仰向けのエクササイズ「両脚ひねり」「空中からだひねり」で使う姿勢。「床と腰との間のすきま」がなくなった状態です。腰への負担を減らすことができます。

仰向け

下腹を凹ませて骨盤をわずかに後傾させて、
仙骨から腰部分をペッタリとはりつけるイメージで床につける。

動画で CHECK!

くびれストレッチ

**バレエの基本ポーズを活用。首、肩、背骨まで
上半身を気持ちよく伸ばしてくびれを出現させます。**

骨盤のポジション **ニュートラル**

1

内ももでクッションをはさんで立つ。かかとをつけ、つま先を外に開く。股関節をぎゅっと外側に回してお尻を内側に締め、地面をかかとで押す。

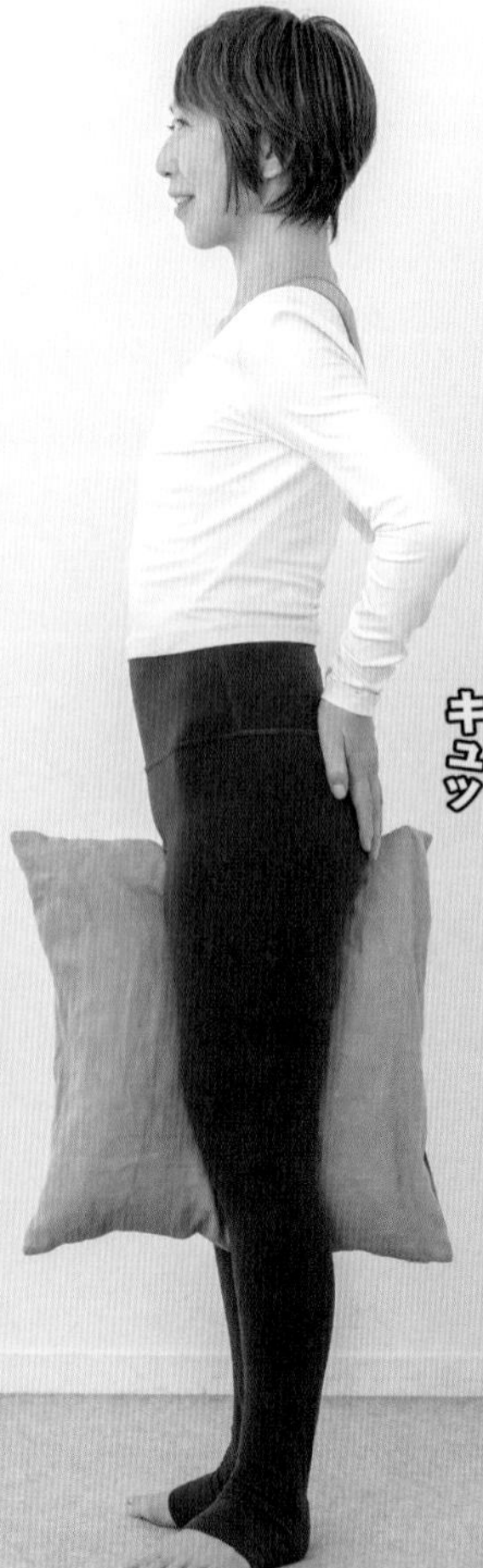

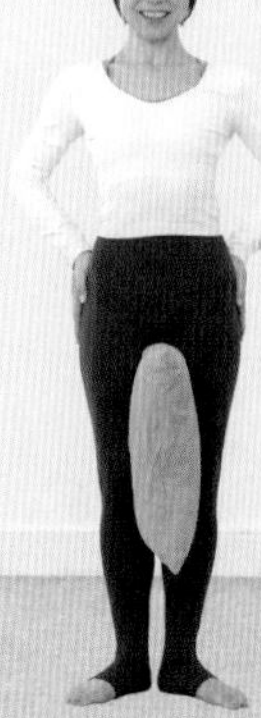

動きがやりづらいとき、
つりそうなとき

P.50　P.52～54
骨盤底筋リリース／肩回りリリース がおすすめ!

2

両腕を高く上げて頭上で指を組む。おへそを縦長にするイメージで身体を伸ばす。息を吐きながら、上半身だけ右に倒す。

左右交互に5回ずつ

3

息を吸いながら上半身を戻し、今度は左に倒す。

動画で CHECK!

ねじり腹筋

息をしっかり吐きながら上体をもち上げることで、肋骨がひとりでに締まる。お腹だけでなく内もも、胸にも効きます。

骨盤のポジション　ニュートラル

1 クッションに肩までのせて仰向けに。内ももで2つ目のクッションをはさむ。ひざは直角に曲げ、つま先を立てる。両手を頭のうしろで組む。

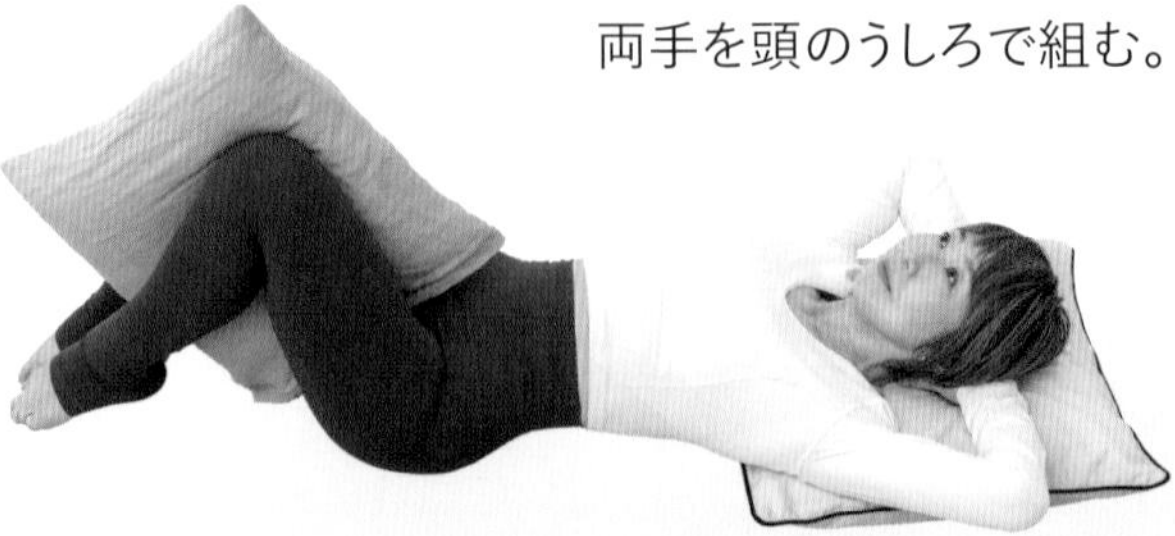

動きがやりづらいとき、
つりそうなとき
P.46 P.50
足裏リリース／骨盤底筋リリース がおすすめ!

2

内ももをぎゅっと締めて、両ひざを右側に倒す。上半身が身体の中心線から動かないギリギリでストップ。

左右15回ずつ

3

息をフッ、フッとリズミカルに吐き出しながら上体を15回起こす。ひざを元の位置へ戻す。反対側も❷〜❸を同様に。

首で起き上がらず、
肋骨を締めて
起き上がるイメージ

ウエストやせ3

動画で
CHECK!

両脚ひねり

**体幹の力を意識して内もも全体を締めることで、
ウエストにアプローチします。**

骨盤のポジション　インプリント

1 クッションを骨盤の下に敷いて仰向けに。内ももで2つ目のクッションをはさむ。首に力みが入ってしまう場合は3つ目のクッションを枕にする。ひざは直角に曲げ、つま先を立てたら、脚を上げる。

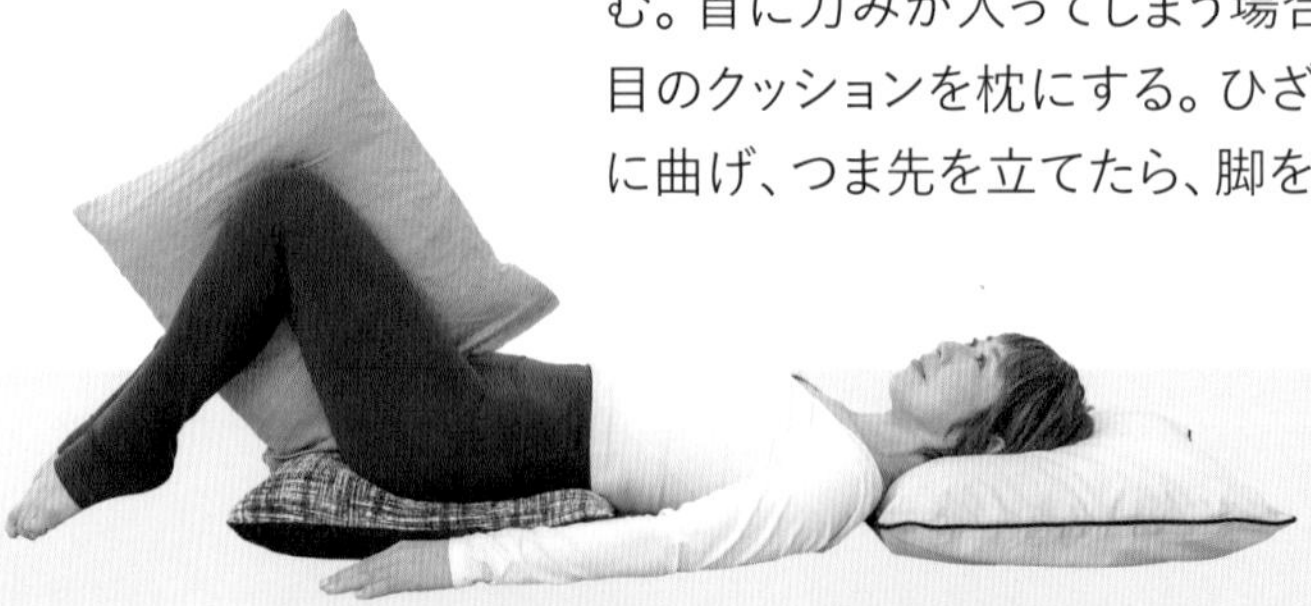

動きがやりづらいとき、
つりそうなとき

P.46 足裏リリース／P.50 骨盤底筋リリース／P.51 下腹部リリース がおすすめ!

2

息を吐きながら両脚を右へゆっくりと倒す。両肩が地面から離れない限界でストップ。息を吸いながら元の位置へ戻す。

左右交互に10回ずつ

3

息を吐きながら次は左へゆっくりと倒す。❷と❸をくりかえす。

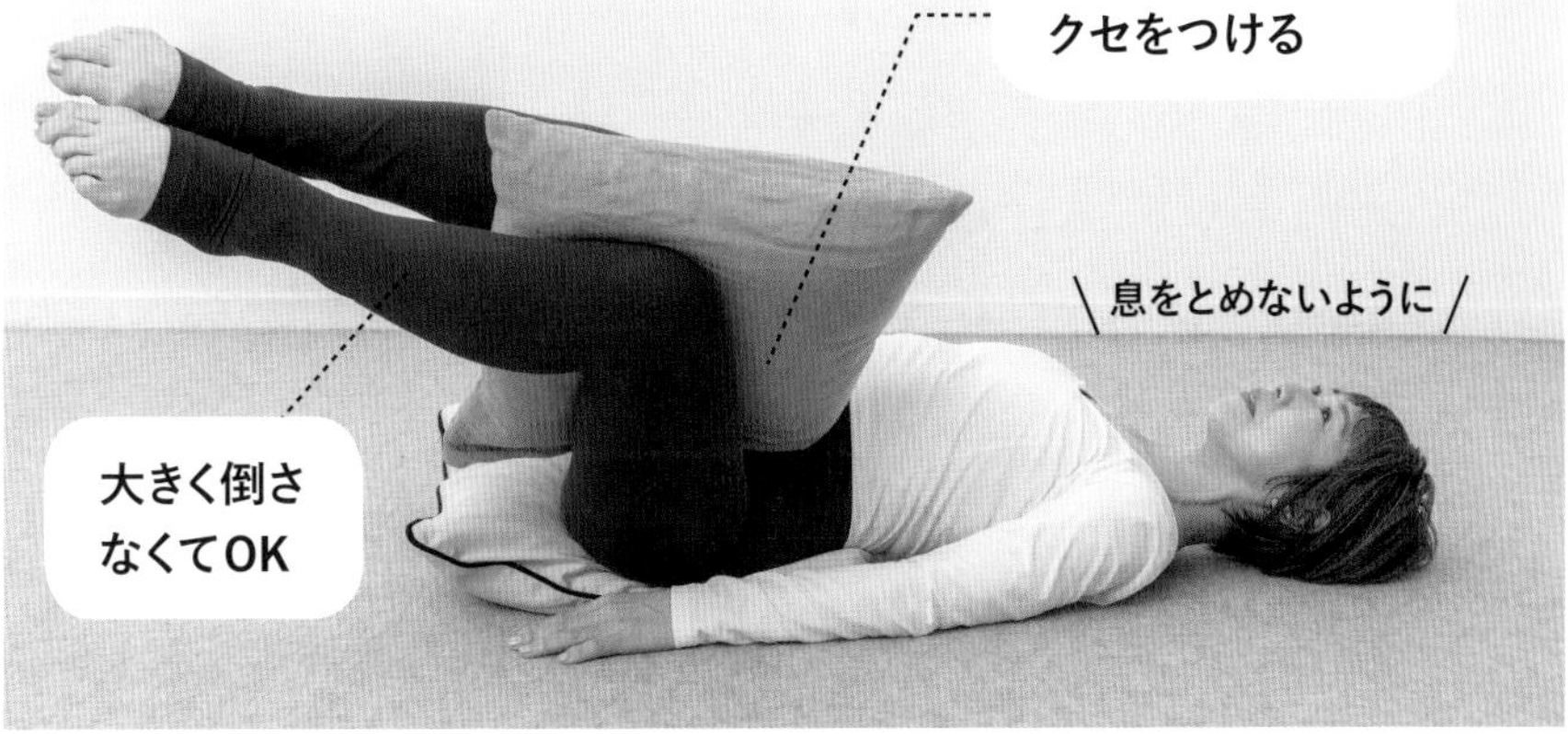

リリースから「基本のクッションピラティス」まで
ひと通り済んだところで、ＡＦＴＥＲの自分をチェック。
メジャーでサイズを測ったり、鏡で全身を眺めたりしてみて。

くびれたウエスト、きゅっと上がったヒップ、
ほっそりした太もも、背すじの伸びた姿勢……。
その即効性にきっと驚くはず！

効果が実感できるとモチベーションもぐんとアップ。

「面白いからやりたい」

「うれしいから続けたい」

そんなポジティブなサイクルに入っていきます。

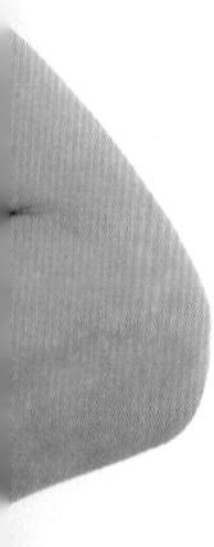

クッションピラティス Q&A

Q　おこなう時間帯は朝と夜、どちらがおすすめ？

A　朝でも夜でも、習慣化しやすいほうでＯＫ。どちらかといえば朝におこなうと一日活動的に過ごせるはず。リリースは夜にもおこなうと疲れがリセットできます。

Q　筋肉痛が起きたらお休みしたほうがよい？

A　筋肉痛が起きている箇所を刺激するエクササイズは一日お休みして、ほかのところを使うエクササイズをやってみて。お腹が筋肉痛なら背中を刺激する、という感じにすると全身のバランスが整っていきます。

Q　食事の直前や直後におこなってもよい？

A　食前はＯＫ。食後の運動は消化不良を起こしやすいので、30分〜1時間経ってからおこなってください。

Q　身体が硬い人には向いていないの？

A　身体が硬い人にこそクッションピラティスはおすすめ！　クッションのおかげで身体が動かしやすくなります。筋肉は動かすほどにやわらかくなるので、身体の柔軟性がアップする効果も。

Q **エクササイズをおこなうと身体がつります！**

A 事前のリリースをじゅうぶんにおこなってください。筋肉の硬さが残っているとつりやすくなります。リリースとエクササイズを続けるうちに、つることは減っていくはず。

Q **生理中はお休みしたほうがよい？**

A 生理中に向かないエクササイズはないですが、身体がつらければお休みしてください。ただ、少し動かすと腰痛がラクになる場合もあるので、できそうならば生理中のむくみにも効く「足裏リリース」「内ももリリース」がおすすめ。

Q **妊娠中、産後はやらないほうがよい？**

A 「骨盤底筋リリース」「下腹部リリース」は出産に関係する部位を刺激するので避けたほうがよいでしょう。それ以外のリリースは身体がラクになるのでおすすめです。妊娠中はうつ伏せと仰向けの体勢がつらいので、横向きのエクササイズを選んで。

Q **やった気がしないときは、動きが間違っているの？**

A 「やった気がしないエクササイズ」が大正解。どこか1か所の筋肉を集中して鍛えるのではなく、全身をバランスよく使えるようにするのがピラティスなので、「きつくない」と思うぐらいの動きでじゅうぶんなのです。

インテリアだったクッションが美の助っ人に！

COLUMN

ピラティスとの出会いが私の人生を変えた

自他ともに認める運動オタクだった私。全日本チャンピオンになるほど極めたエアロビクスのインストラクターとして20代を駆け抜けました。ところが30代になるとちょっとした不調に襲われます。仕事では交感神経が優位の「超ポジティブハイテンションモード」が続くせいか、終業後に反動で「落ち込み無気力モード」がやってきたり。激しい運動のおかげで血行は良好なはずなのに冷えを感じたり。季節の変わり目には体温調節ができなくなり、軽めの薬を飲まなければいけないほど自律神経が乱れたり……。なにか解決策はないかとあれこれ試すうち、たどり着いたのがピラティスでした。

30代でピラティスを始め、46歳でピラティスを学び直すためにニューヨークに短期留学。マンハッタン5thアベニューにあるスタジオ「ピラティスオンフィフス」で研修を受けましたが、私は当初、ピラティスを単なるコアトレとして捉えていました。そうではなく、全身の機能を回復するものだということが本当に「わかった」と思えるまでには、出会いから20年かかりました。

実は筋肉に硬いところがあるとピラティスはうまくできないし、効きません。それに気がついてテニスボールによる筋膜リリースをしてみたことがピラティスの真髄を理解することにつながり、「ピラティスさんの言っていたのはこのことか！」と腑に落ちる瞬間がやってきました。型の完成ではなく「自分本来の身体がもつ機能性や美しさを取り戻すこと」を目指すようにした結果、心身をリセットする気持ちよさを知ったのです。

これが本書でお伝えしているKAORU式のピラティスメソッドです。ピラティスのおかげで、今では30代よりも心身ともに状態のいい60代を過ごしています。

Chapter 4

部位別
Cushion Pilatesで
理想の美BODYへ

クッションをさらに効果的に使うことで、
部位ごとに深く、効率よくアプローチする。
余計な力みを排除し、「効かせたいところ」をより効率的に刺激していく。

脚、お尻、背中、デコルテ、ウエスト、二の腕。
常にうっすら気になっている、
コンプレックスだと感じているパーツから取り組んでみて。
ひと通り試したあとは、自由に組み合わせて
あなただけのメニューを習慣化するのも素晴らしいこと。

ほぐして、伸ばして、正しく使って強化する。
生まれた頃の、しなやかで動きやすい身体を
クッションピラティスで取り戻す。
あなた本来の骨格の中でこそ、あなたの美しさは輝くのだから。

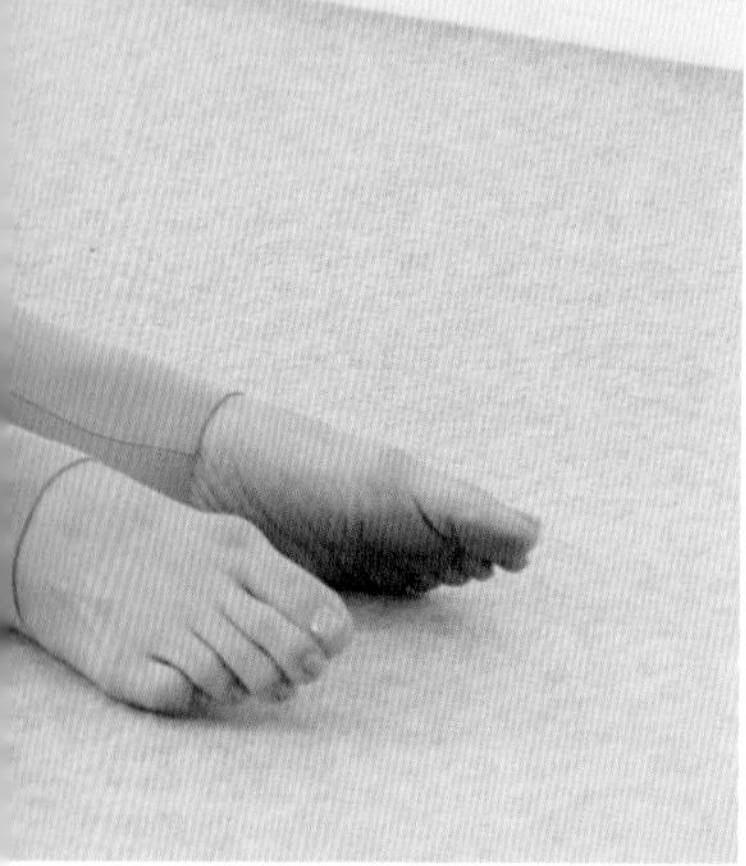

美脚 1

動画で CHECK!

太ももパタパタ

股関節をしっかり動かすエクササイズ。
太もも・下腹・ヒップに効率よく、ラクにアプローチします。

骨盤のポジション **ニュートラル**

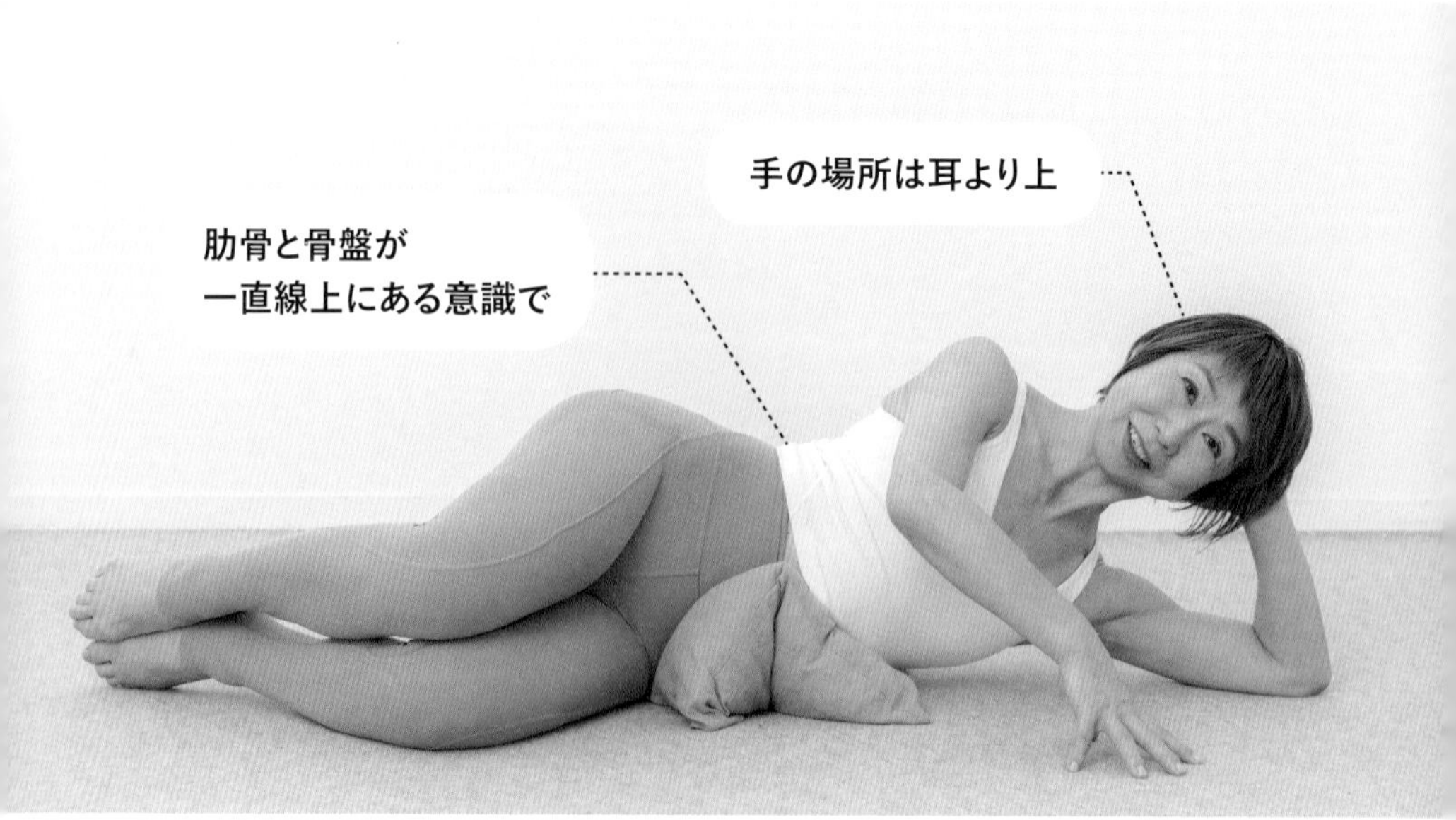

1

クッションを2つ折り、または2枚重ねてウエストにあてて、片ひじをついて横向きに寝る。逆の手は軽く床につける。両ひざを直角に曲げ、骨盤は床に対して垂直に立てる。

動きがやりづらいとき、
つりそうなとき

P.51 P.48
下腹部リリース／内ももリリース がおすすめ！

**重心がブレるので
骨盤の位置は
動かさないように！**

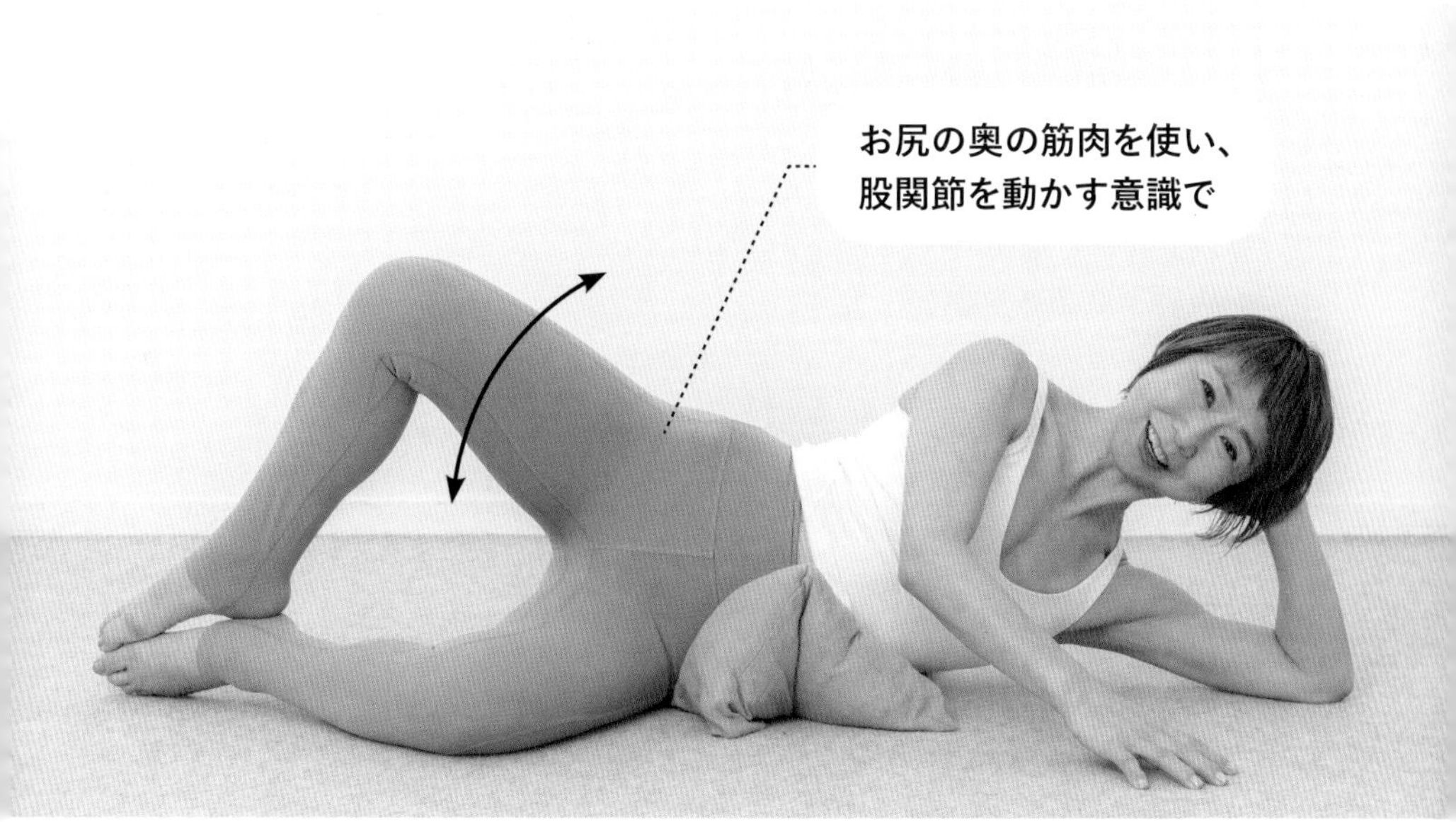

左右15回ずつ

2

息を吐きながら、上の太ももを外側に回すようにしてゆっくり開く。開ききったらゆっくり閉じて、また開くのをくりかえす。反対側も❶〜❷を同様に。

美脚2

動画で CHECK!

サイド脚上げ

クッションのサポートで骨盤が安定。
太ももとヒップを引き締めてウエストをくびれさせます。

骨盤のポジション **ニュートラル**

1 クッションを2つ折り、または2枚重ねてウエストにあてて横向きに寝る。身体の下になる腕は頭のほうにまっすぐ伸ばす。脚を閉じてつま先を伸ばし、内ももとお尻を締める。骨盤は床に対して垂直に立てる。

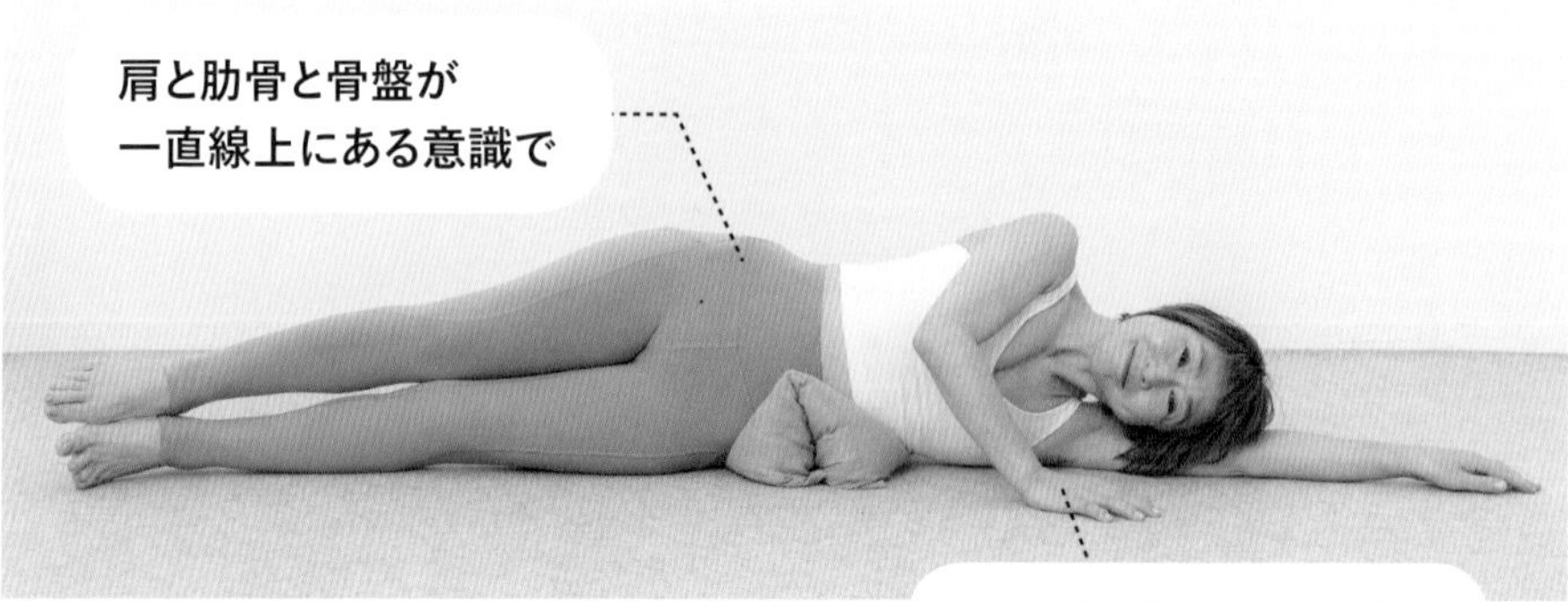

2 息を吸いながら上側の脚を腰幅までもち上げる。

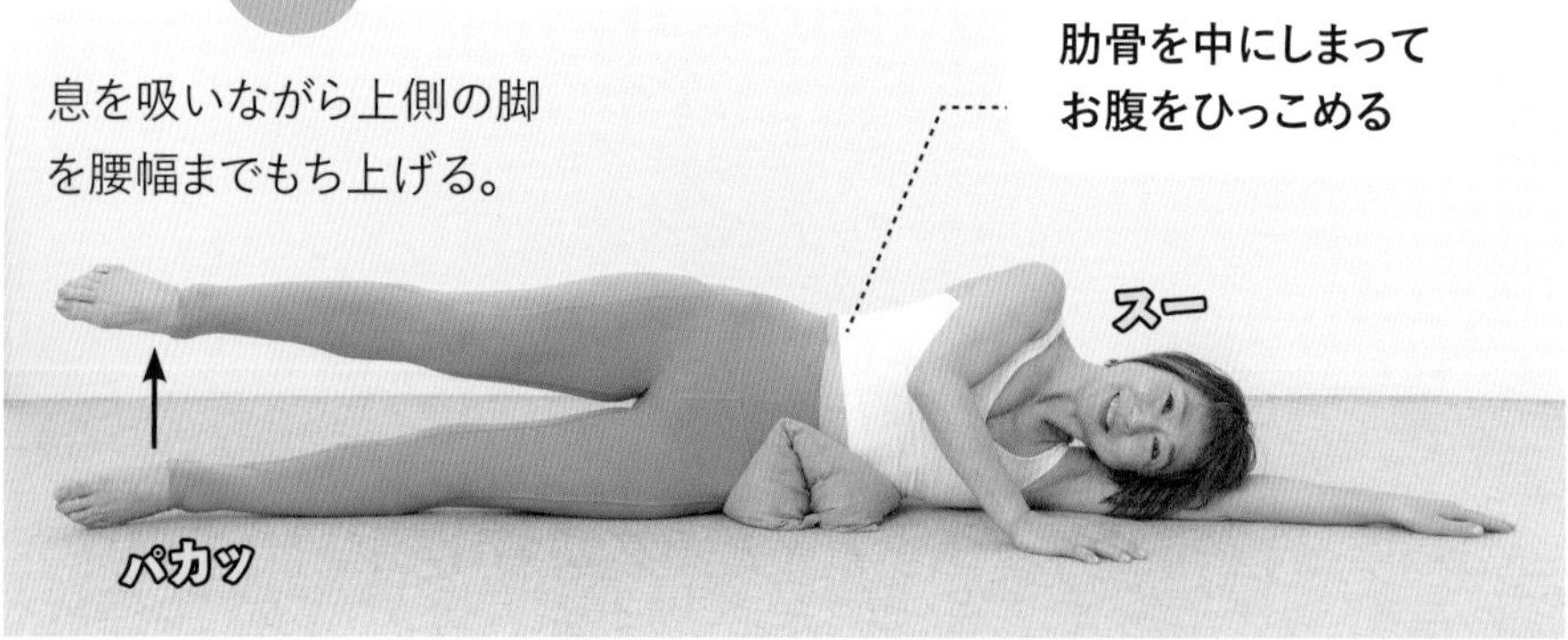

動きがやりづらいとき、
つりそうなとき

P.51 P.48
下腹部リリース／内ももリリースがおすすめ!

左右15回ずつ

3

息を吐きながら下側の脚ももち上げてそろえる。内ももを締めて、床につくギリギリまで下ろす。2回目からは息を吐きながら両脚をそろえてもち上げて、下ろすのをくりかえす。反対側も同様に。

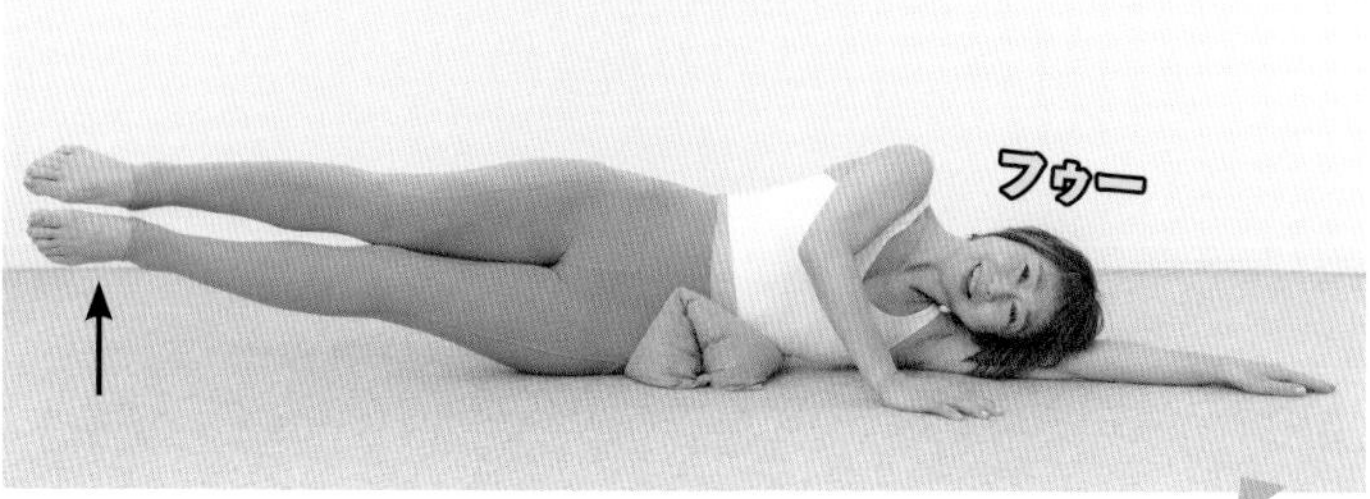

4

最後にチャイルドポーズで腰を伸ばす（P.55）

美尻エクステンション

お尻のたるみ改善・背中のハミ肉退治に効果バツグンのエクササイズです。

動画でCHECK!

骨盤のポジション　ニュートラル

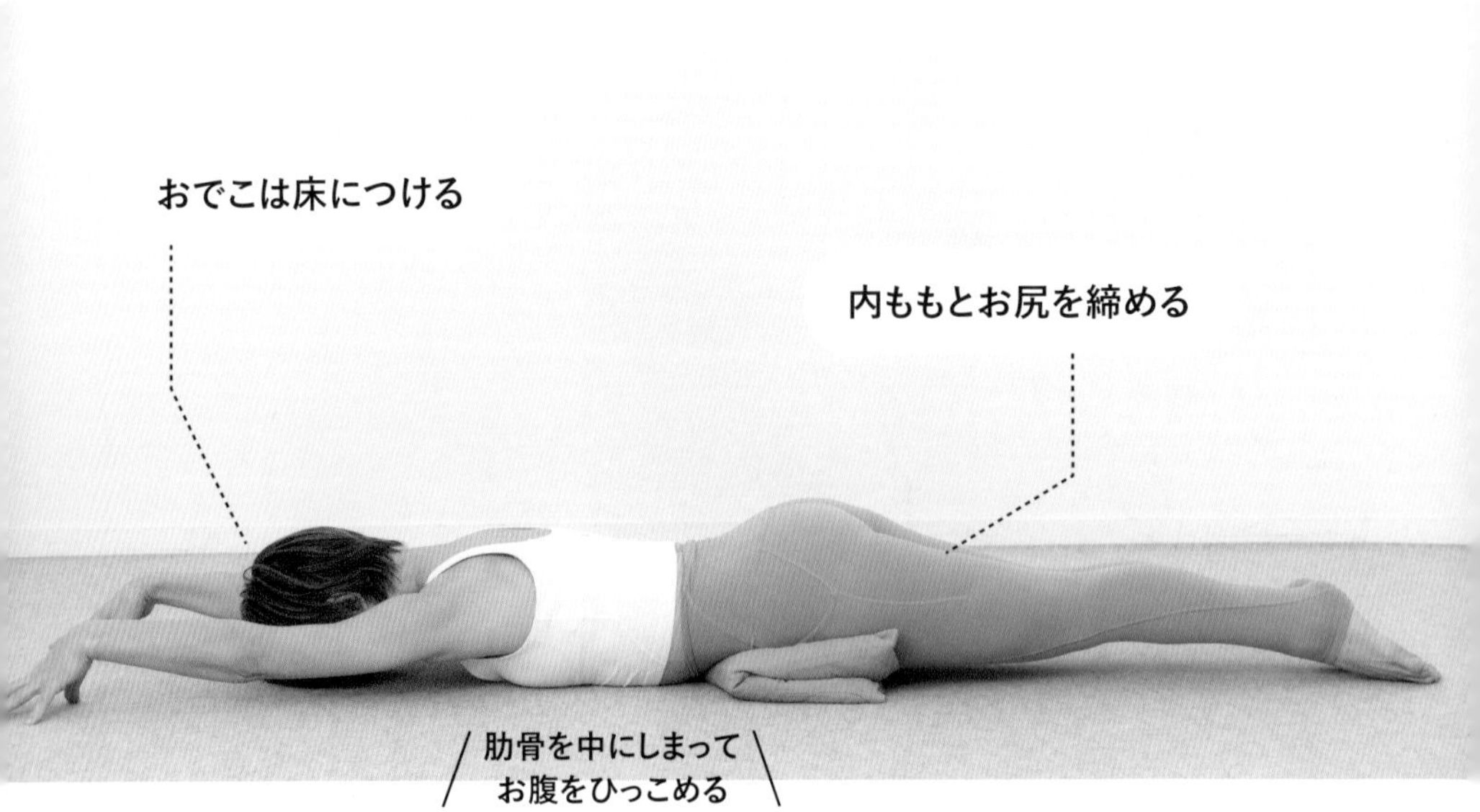

1

クッションを2つ折り、または2枚重ねて下腹部にあててうつ伏せになる。両手を肩幅に開いて頭のほうに伸ばし、床に指を立てる。脚を閉じてつま先を伸ばす。

動きがやりづらいとき、
つりそうなとき
P.51 下腹部リリース／P.48 内ももリリース／P.46 足裏リリース がおすすめ！

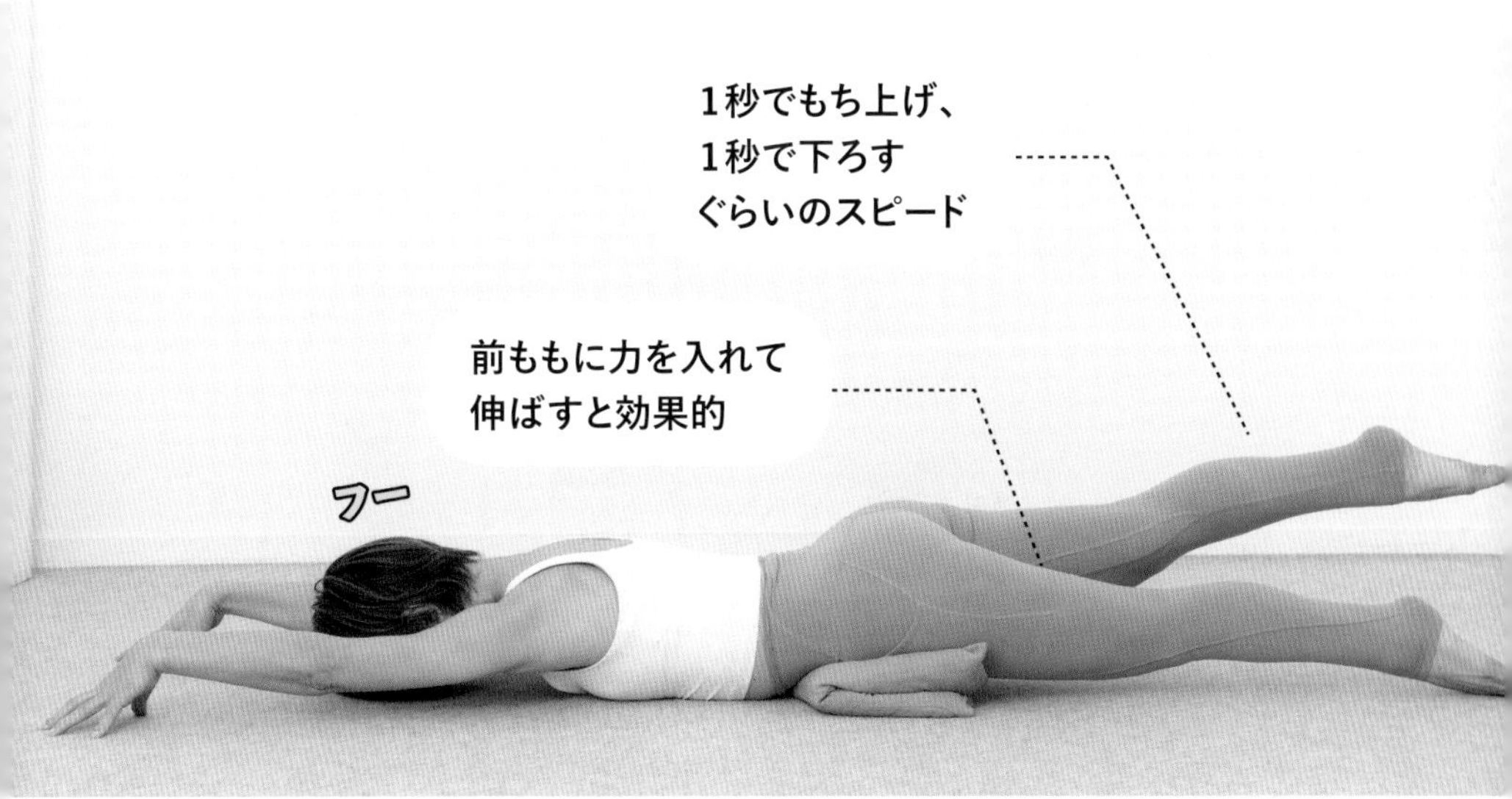

左右 15 回ずつ

2

息を吐きながら、片方の脚をできるだけ遠くに伸ばす意識でもち上げる。息を吸いながら床に戻す。これをくりかえす。反対の脚も同様に。

美尻2

動画で CHECK!

なんちゃってブリッジ

太もも、お尻の筋肉にしっかり効きます。
つりそうに感じたら先にリリースをしっかりおこなって。

骨盤のポジション ニュートラル

1

仰向けになってひざを立て、2枚重ねたクッションに脚を閉じてのせる。手は身体の横。

動きがやりづらいとき、
つりそうなとき

P.48 P.50
内ももリリース／骨盤底筋リリース がおすすめ！

ももの裏側をストレッチしてからおこなうのも効果的。

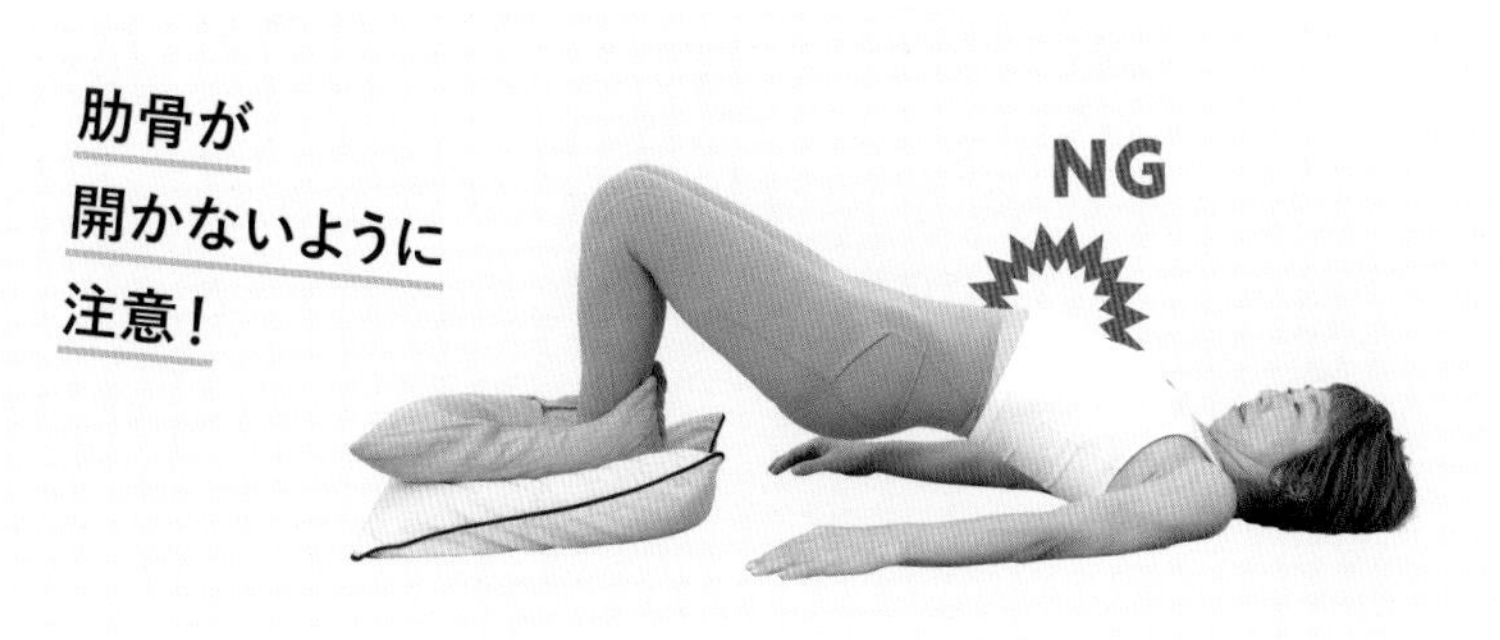

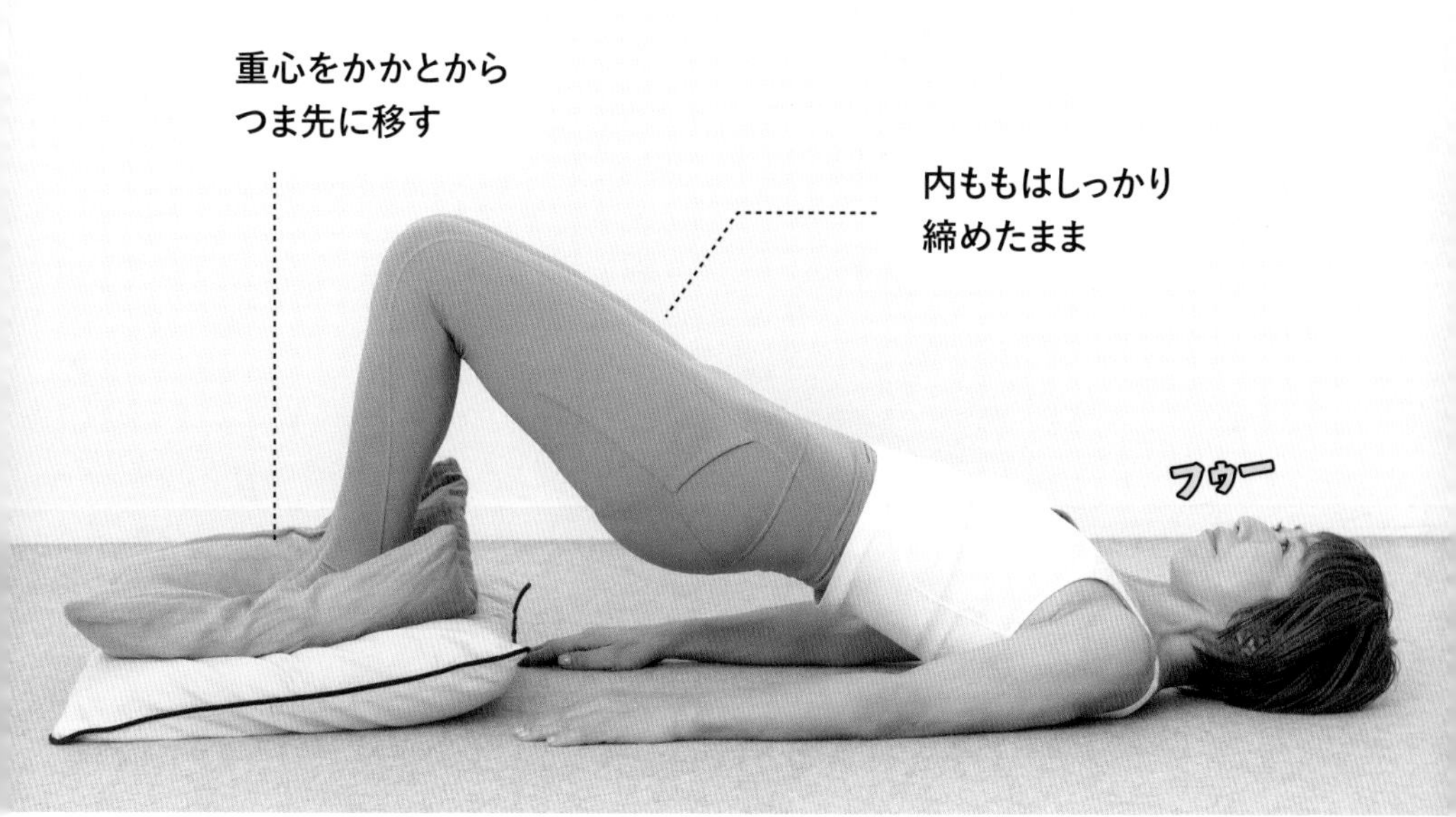

3〜5回

2

息を大きく吐きつつ、かかとを押して、お尻を内側に寄せるように力を入れながら腰（股関節）をもち上げる。呼吸を忘れずに10秒間キープ。ゆっくりと腰を床に戻す。

美背中1

動画で
CHECK!

背骨ほぐし

**自重を味方につけて、背骨をゆるめて肩コリも撃退。
バレリーナのように優雅に。**

骨盤のポジション　ニュートラル

1

内ももでクッションをはさんで立つ。かかとをつけ、つま先を外に開く。股関節をぎゅっと外側に回してお尻を締め、地面をかかとで押す。両腕は脱力させて指を組む。

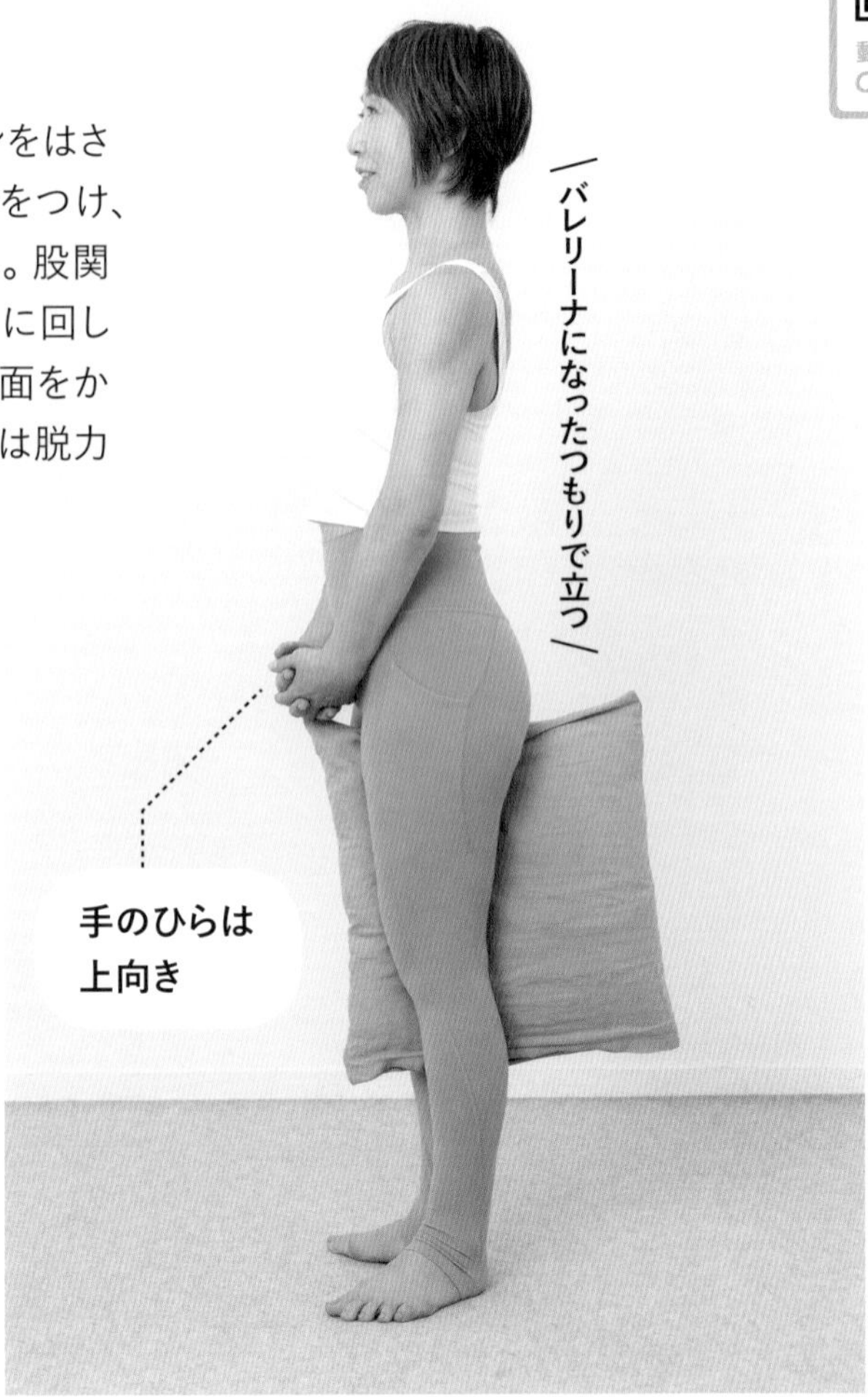

2

首を前に倒し、お尻を締めたまま息を吐きながら、手の重みにつられるように上体を前屈させていく。下げきったところで止まって息を吸う。

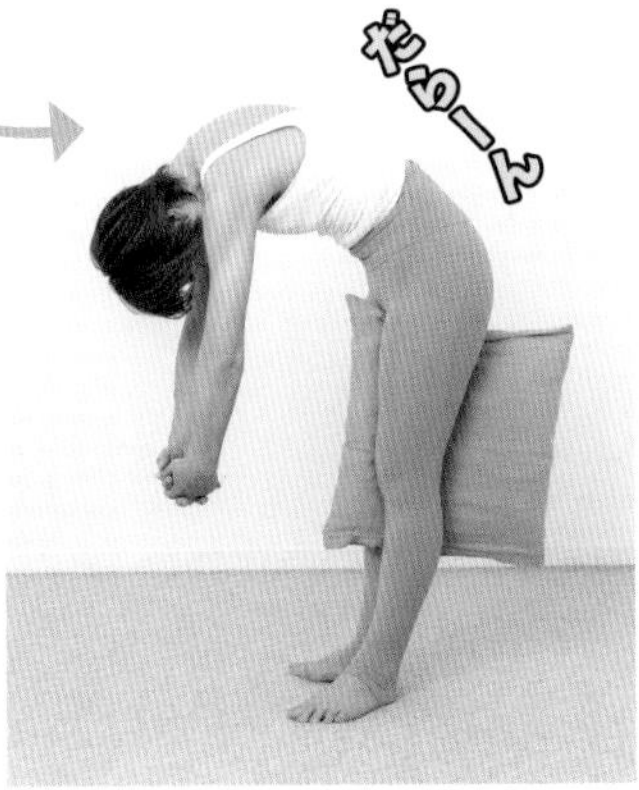

3

3〜5回

お尻を締めたまま息を吐きながら、地面をかかとで押して、背骨を1本ずつ下から起こすイメージで上半身を起こす。最後に頭をゆっくり起こす。

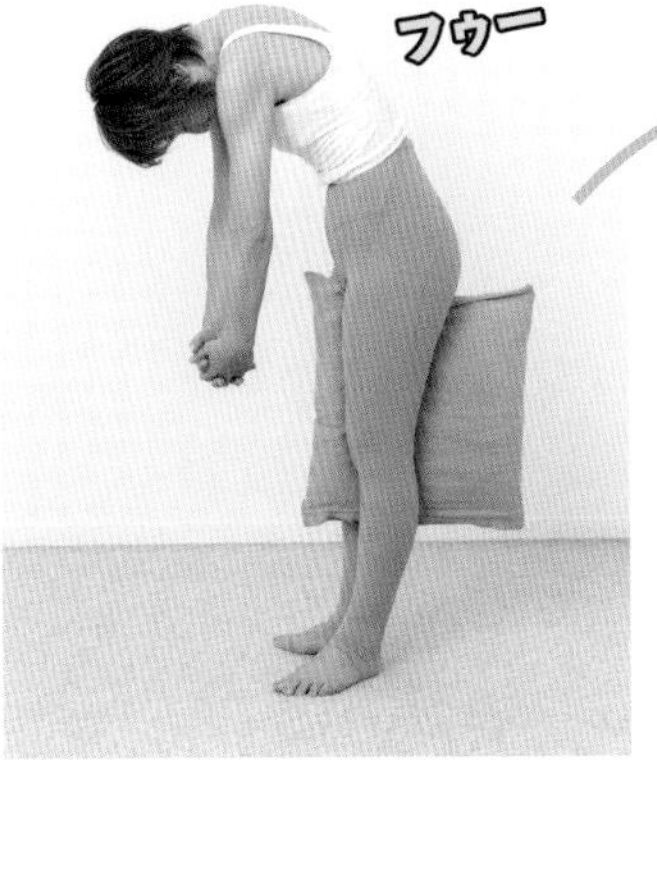

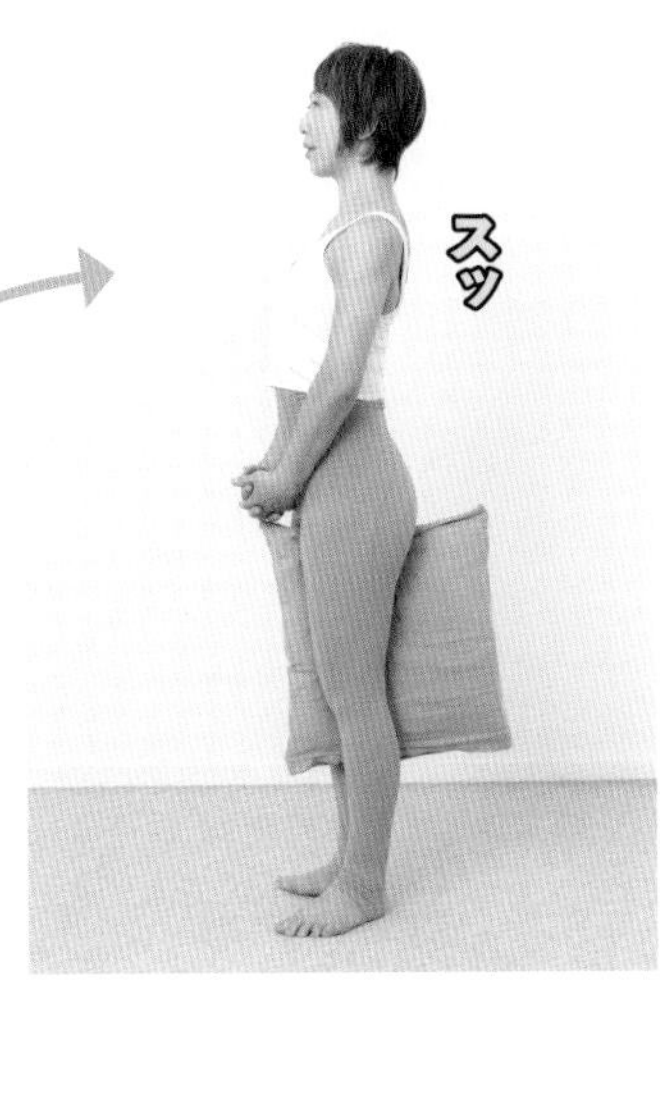

美背中2

動画で
CHECK!

肩甲骨しぼり

**タオルを利用したシンプルな動きで
背中のタプ肉を効果的にやっつけます。**

骨盤のポジション ニュートラル

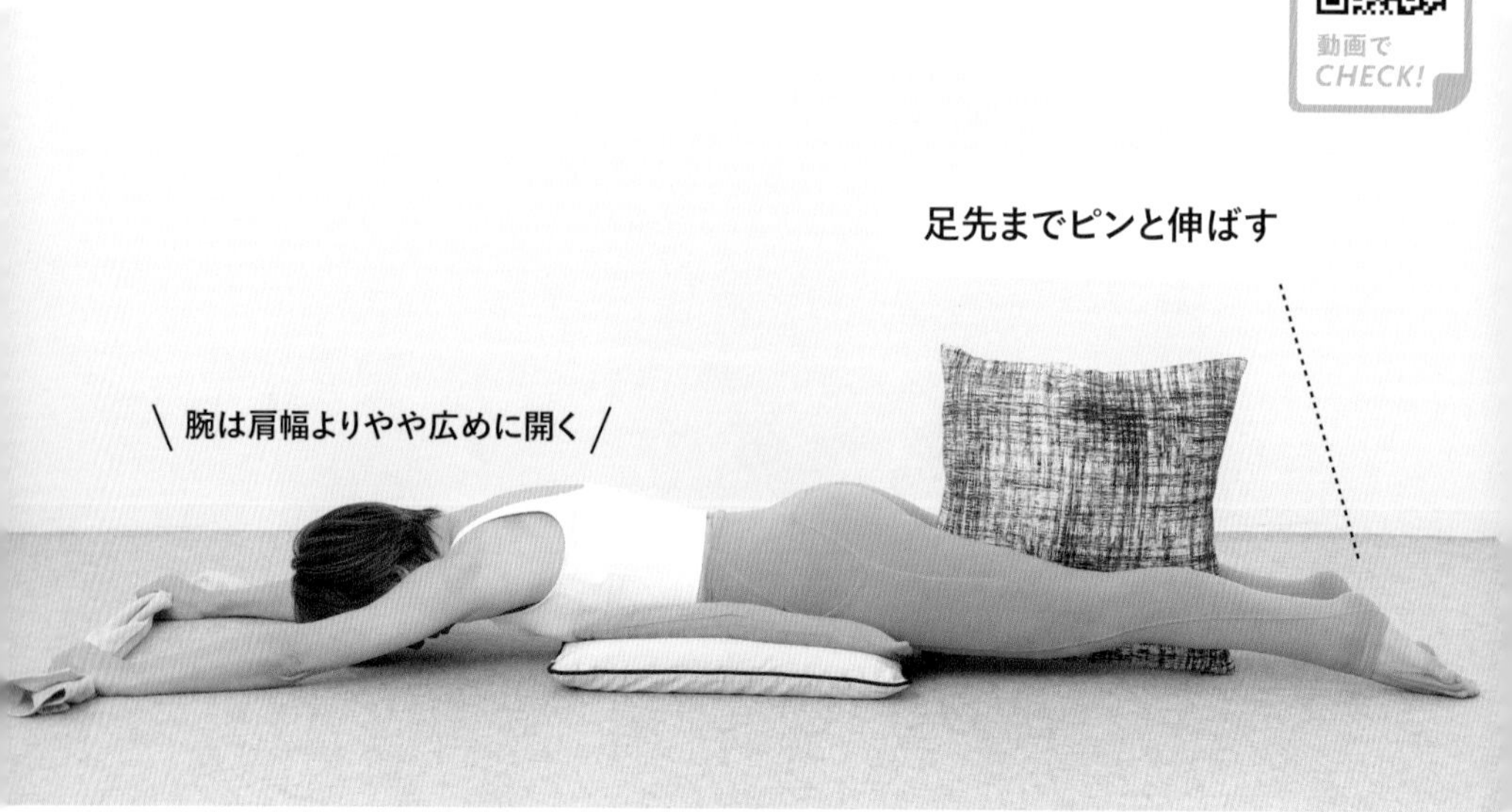

1

クッションを2つ折り、または2枚重ねて下腹部にあててうつ伏せになる。内ももにもクッションをはさむ。腕を伸ばし、タオルを握る。

動きがやりづらいとき、
つりそうなとき

P.52〜54
肩回りリリース がおすすめ!

あごが上がらないように!

腰を反らせないように
肋骨は開かないイメージで

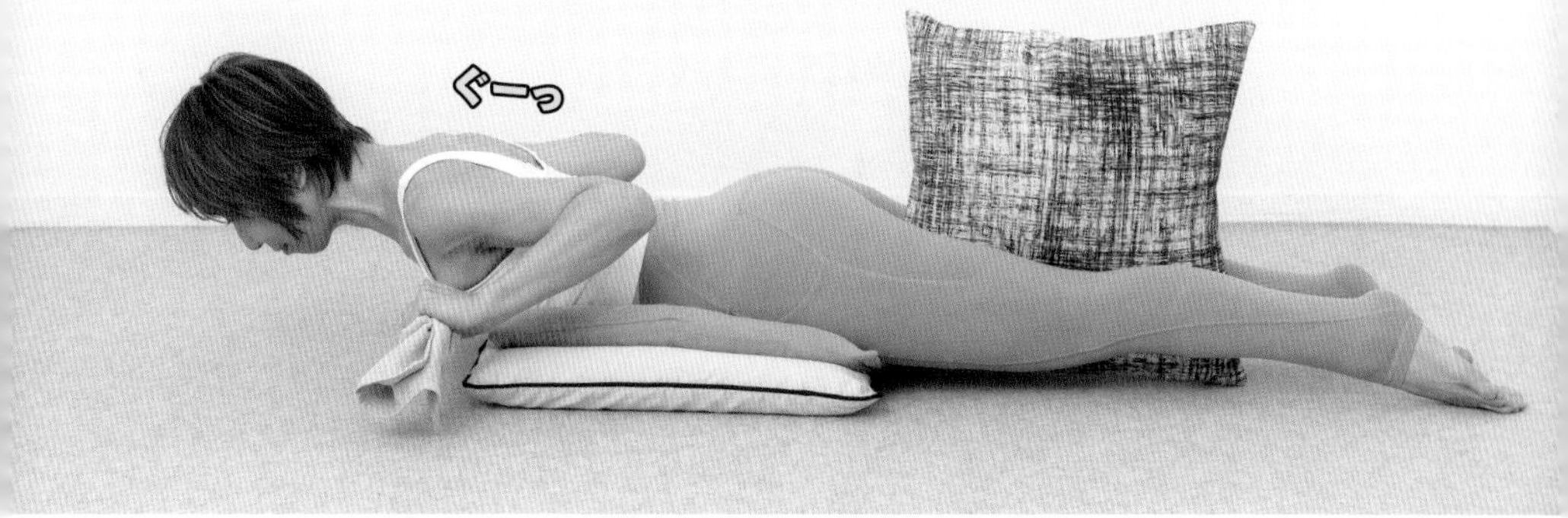

10回

2

上体を軽くもち上げて、息を吐きながらひじを曲げてタオルを胸元に引き寄せて肩甲骨を寄せる。上体をもち上げたまま、息を吸いながらゆっくりと腕を伸ばす。これをくりかえす。

ちょこっと背筋

**白鳥のような優雅で長い首と、
スッキリとした美しいデコルテを作るエクササイズです。**

骨盤のポジション　ニュートラル

動画で
CHECK!

1

クッションを下腹部にあててうつ伏せになる。足は腰幅に開き、太ももからつま先まで伸ばす。ひじを直角に曲げて耳の横あたりに手をつく。

動きがやりづらいとき、つりそうなとき

P.51 下腹部リリース／P.48 内ももリリース がおすすめ!

3～5回

2

息を吐きながら、背骨をひとつひとつ伸ばす意識でゆっくりと上体を反らせる。呼吸をとめずに5秒キープ。息を吐きつつゆっくりと肋骨を閉じながら床に戻っておでこをつける。

動画で
CHECK!

空中からだひねり

**おサボリ腹斜筋を中心に身体の斜めの筋肉を鍛えて、
理想のくびれを出現させます。**

骨盤のポジション　インプリント

1

2枚重ねて高さを出したクッションにもたれるようにして仰向けになり、ひざを立てる。お腹をひっこめ、両手を頭の下で組む。

2

ひざを曲げたまま片方の脚を高く上げてつま先を伸ばす。続いてもう片方の脚もそろえるように上げる。

動きがやりづらいとき、
つりそうなとき
P.46　P.52〜54
足裏リリース／肩回りリリース がおすすめ!

センター(体幹)の軸がブレないように

3

息を吐きながら右脚を伸ばし、同時に身体を左にひねって右ひじと左ひざを近づける。

左右交互に10回ずつ

4

次は息を吐きながら左脚を伸ばして右脚はひざを曲げ、同時に身体を右にひねって左ひじと右ひざを近づける。

腹斜筋しぼり

**肋骨の位置を引き上げることで
即効ウエストが細くなる、驚きのエクササイズ。**

骨盤のポジション ニュートラル

1

クッションを2枚重ねて、1枚は2つ折りにしてウエストにあてて横向きに寝る。ひざを直角に曲げ、内ももとお尻を締める。骨盤は床に対して垂直に立てる。両腕を頭の上に伸ばし、背中を伸ばすつもりでできるだけ手を遠ざける。

動画で
CHECK!

動きがやりづらいとき、
つりそうなとき

P.46 P.50
足裏リリース／骨盤底筋リリース がおすすめ!

左右10回ずつ

2

息を吐きながら、上側の腕のひじを引いて、胸を開くように上体を起こす。①と②をくりかえす。反対側も同様に。

二の腕引き締め1

動画で CHECK!

腕くるくる

肩関節を回し、胸を開くことで、縮んだ筋肉を気持ちよくゆるめて伸ばします。

骨盤のポジション ニュートラル

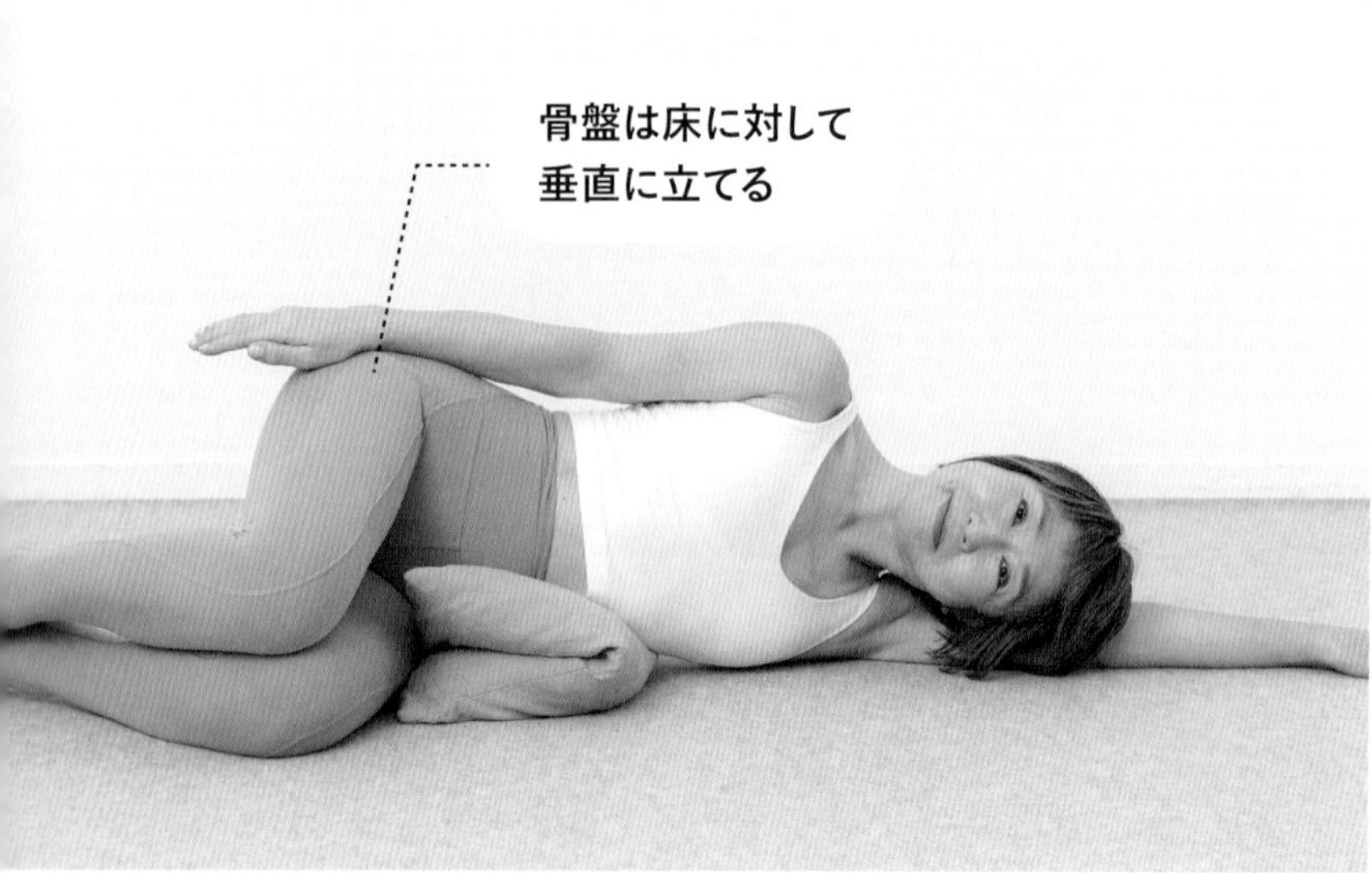

1

クッションを2つ折り、または2枚重ねてウエストにあてて横向きに寝る。身体の下になる腕は頭のほうにまっすぐ伸ばす。ひざを直角に曲げ、内ももとお尻を締める。

2

身体の上側の腕を天井に向けて伸ばす。

両方向に10回ずつ

3

呼吸をしながら腕を小さく回す。指を引っ張られるイメージでできるだけ遠くに伸ばす。10回おこなったら逆回り。反対側も1〜3を同様に。

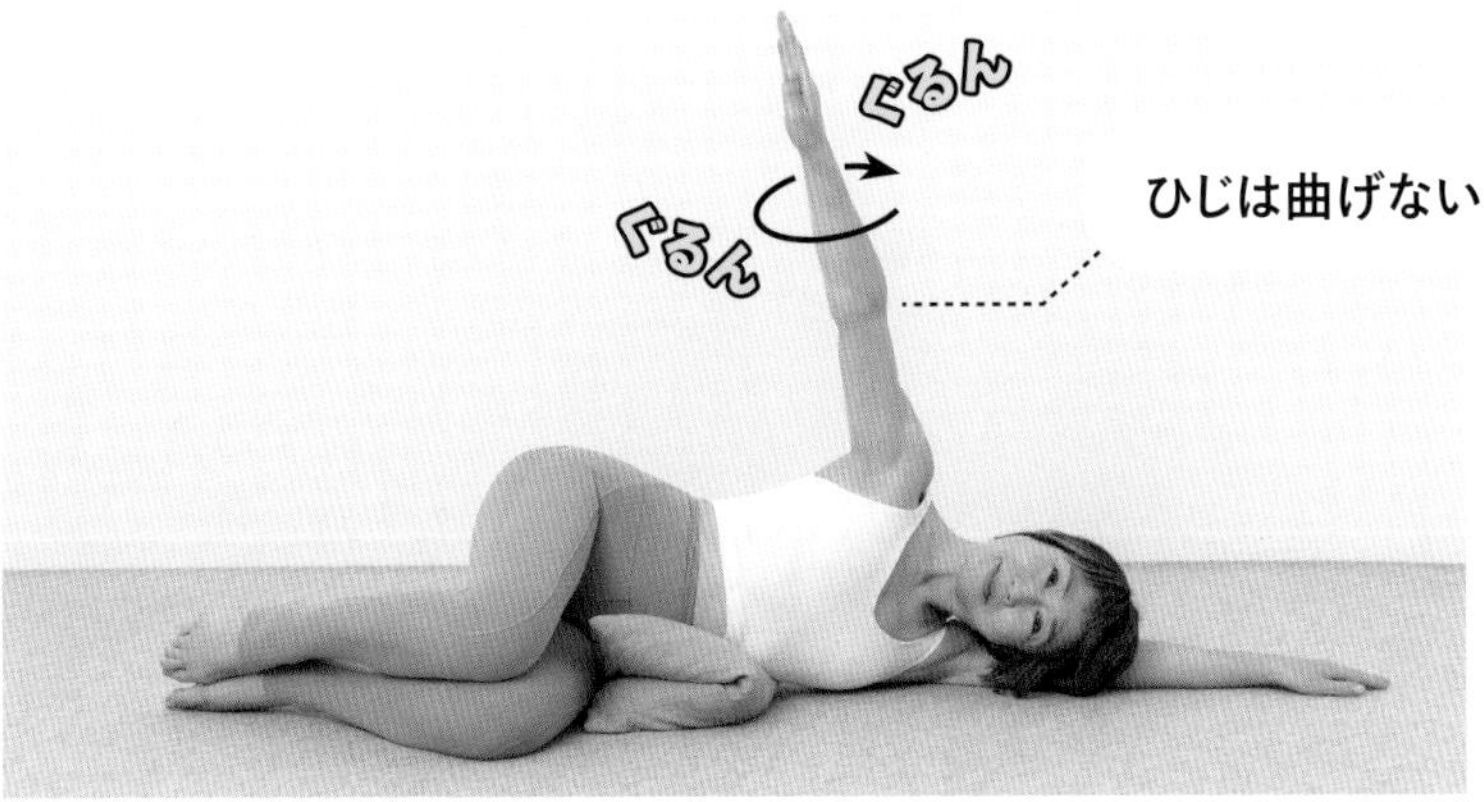

二の腕引き締め2

逆プランク

しんどさナンバー1!?
二の腕はもちろん背中、お腹、下半身にも効きます。

骨盤のポジション ニュートラル

動画で
CHECK!

1

太ももでクッションをはさんで脚を伸ばして座る。かかとを合わせ、つま先は開く。手をうしろについて上体をややうしろに傾ける。

動きがやりづらいとき、
つりそうなとき
P.52〜54
肩回りリリースがおすすめ!

体幹をしっかり使うには、肩甲骨が下がらないように

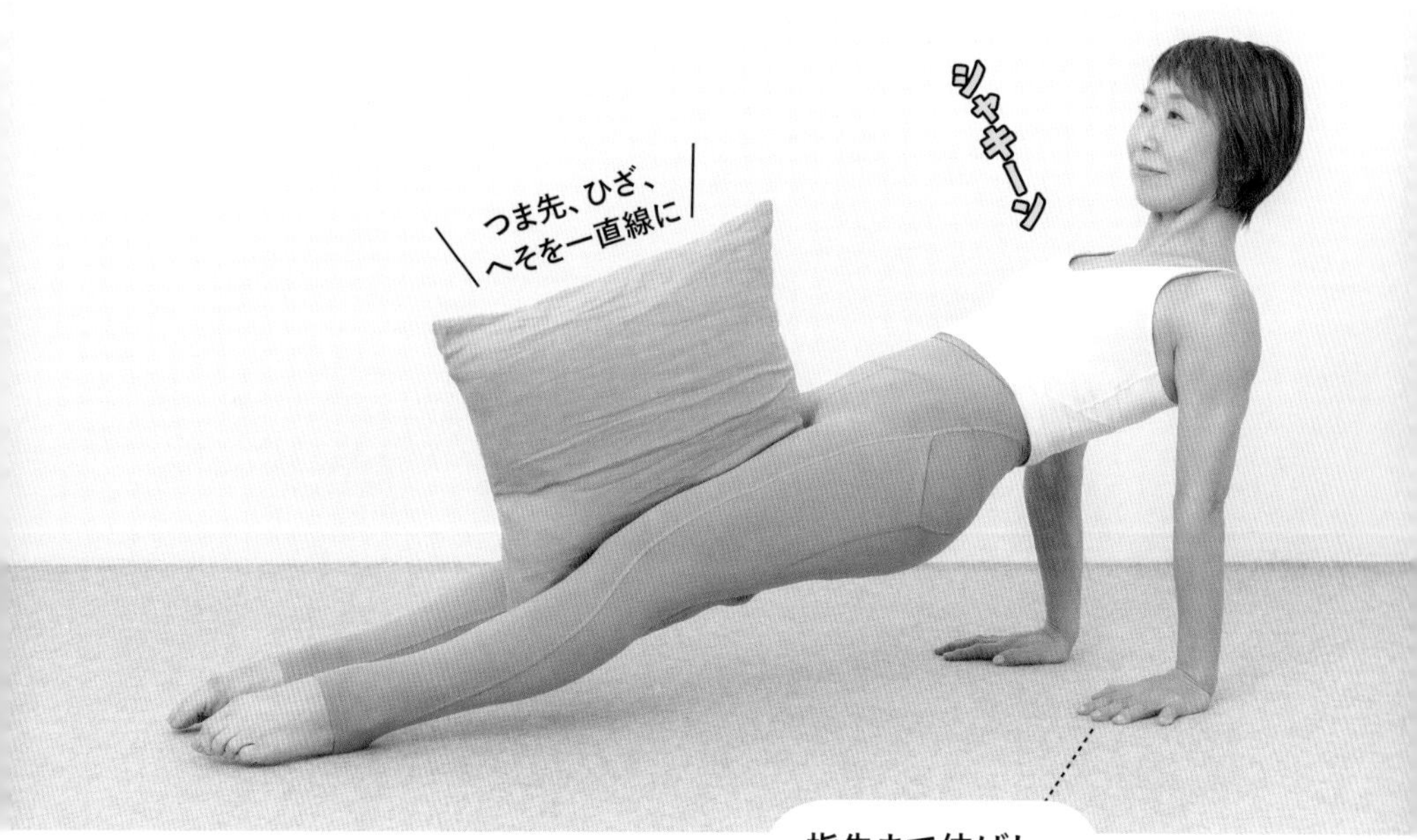

指先まで伸ばし、
手のひら全体で
床をしっかり押す

2　3〜5セット

息を大きく吐きながら、つま先を伸ばしつつ、内ももを締め、腰（股関節）をもち上げる。目線は正面。呼吸をとめずに5秒キープ。息を大きく吐きながら、かかとで床を押してゆっくりと元の位置へ。

肩甲骨まわし

コリ固まった肩関節と肩甲骨の動きをなめらかにする、心地よいエクササイズ。

骨盤のポジション　ニュートラル

1

クッションを2つ折り、または2枚重ねてウエストにあてて横向きに寝る。別のクッションを頭の下に敷く。ひざを直角に曲げ、内ももとお尻を締める。両手で「前ならえ」の姿勢。

2

大きく息を吸いながら、上側の手を、頭の上をとおる大きな円を描くように動かし、息を吐きながら途中で身体を開いて手を一周させる。

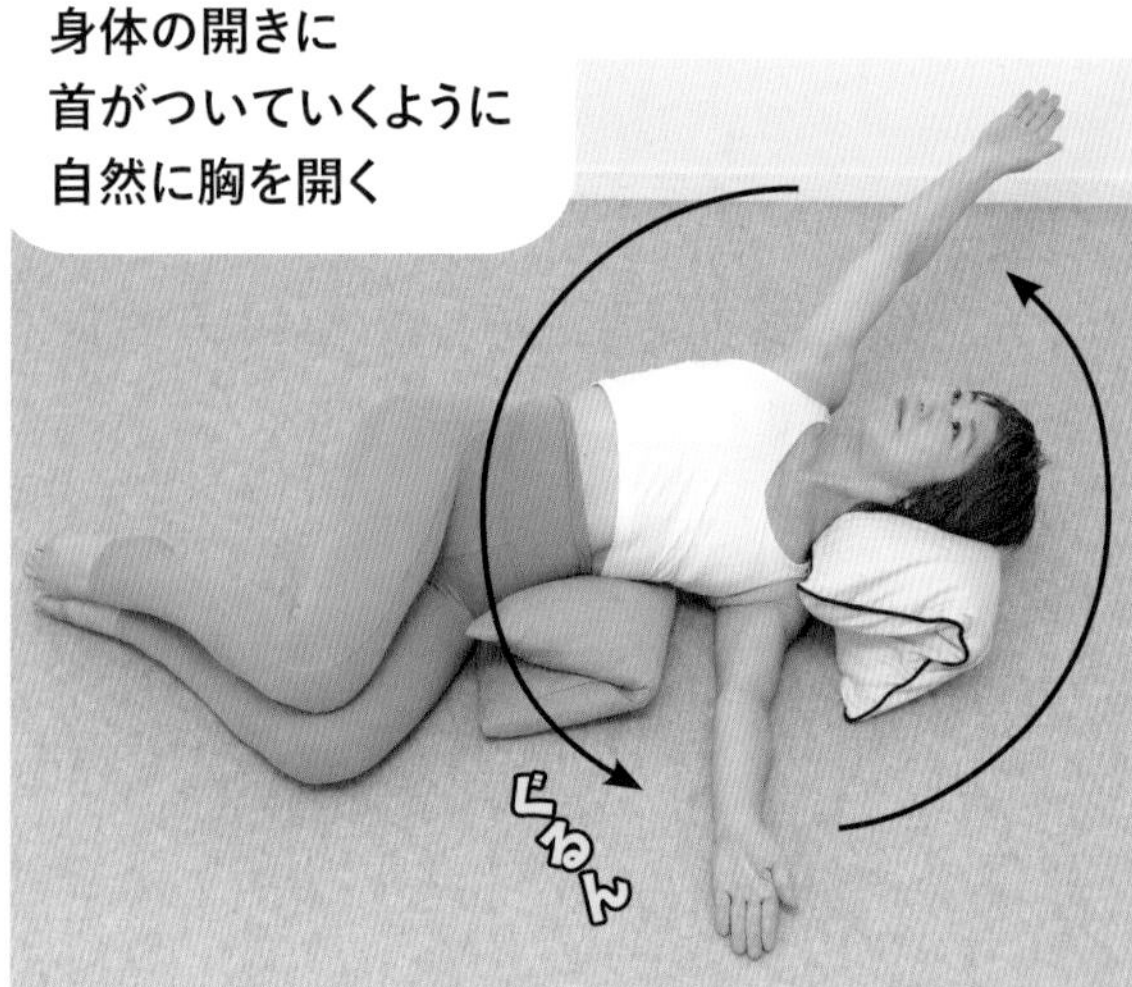

3

両方向に3〜5回ずつ

大きく息を吸いながら、今度は逆方向に円を描いて、息を吐きながら途中で身体を開いて腕を一周させる。❷と❸をくりかえす。

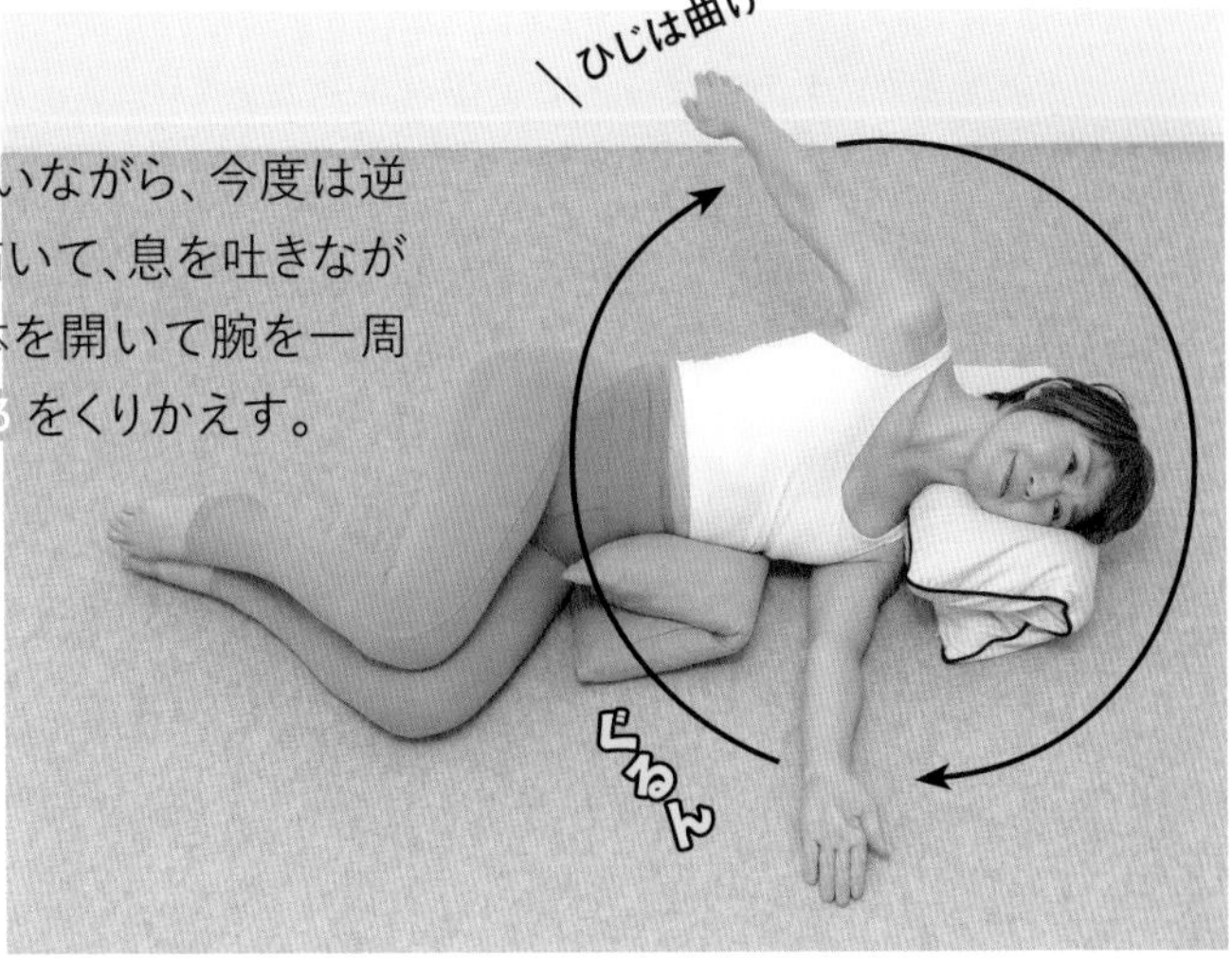

4

「前ならえ」の姿勢に戻り、肩甲骨を大きく動かすことを意識して、手のひらをこすり合わせるように上側の腕を動かす。反対側も❶〜❹を同様に。

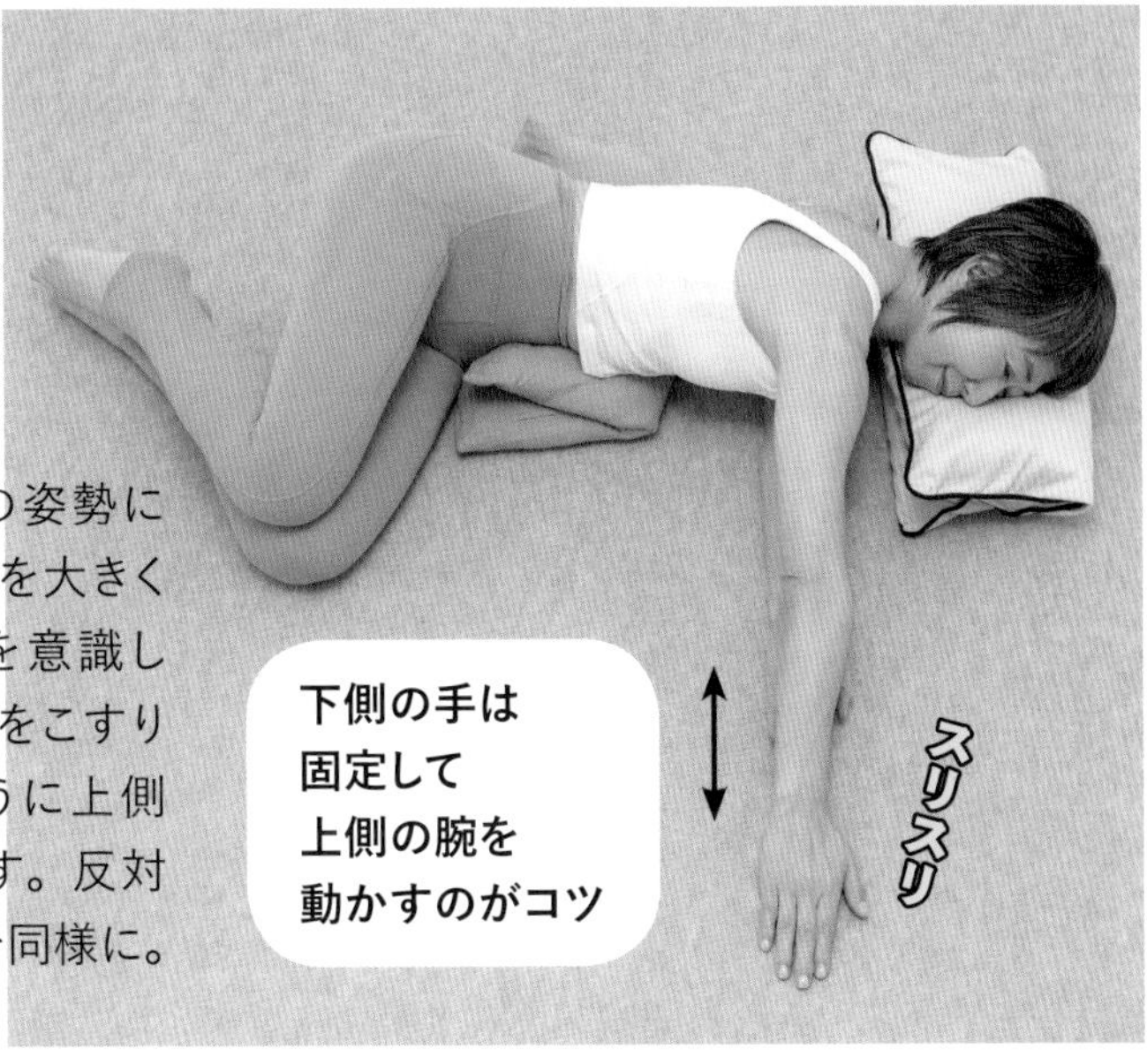

COLUMN

奇跡のアラ還！
KAORU式
すこやか美人の生活習慣

「アラ還なのになんでそんなに毎日元気なの？」と訊かれる私。
その秘密は毎日のちょっとした習慣にあるのです。

起床直後のモーニングルーティーン

起床直後は、全身が一日のうちでもっとも硬いとき。布団の中で手足を振ったり、回したり、伸ばしたりしてほぐす時間をとってください。5分もかかりません。「朝から絶好調！」と感じられるようになるので、どんな方にもおすすめです。

1

大きく伸びをする

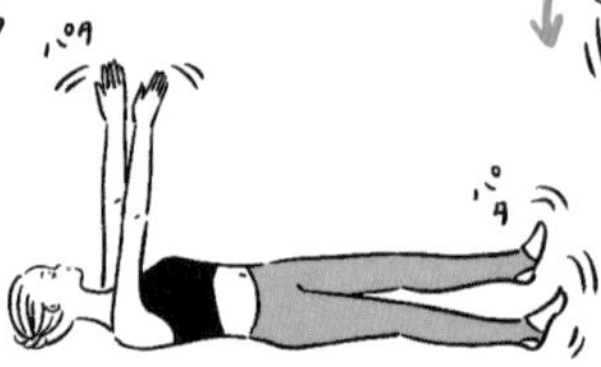

2

手足をパタパタ振る

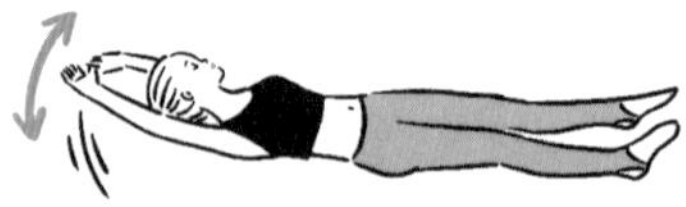

3

上半身を左右に大きく
動かして体側《たいそく》と腰を
伸ばす

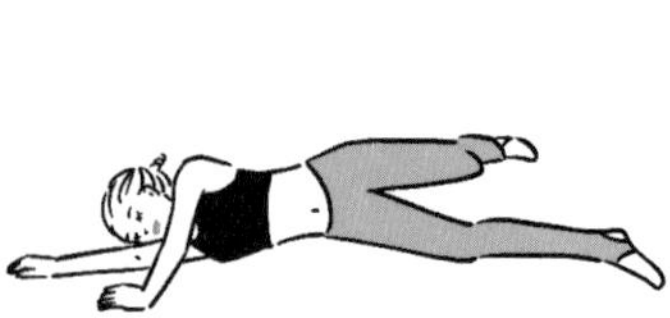

4

一度横向きに
なってから
うつ伏せに

5

チャイルドポーズ

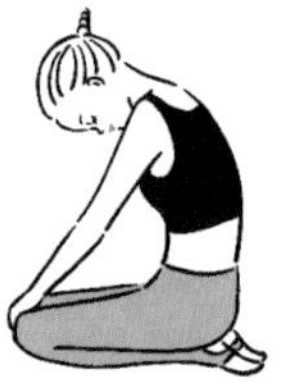

6

背骨をひとつひとつ
積み上げるように
起き上がる

椅子に座るとき、立ち上がるとき

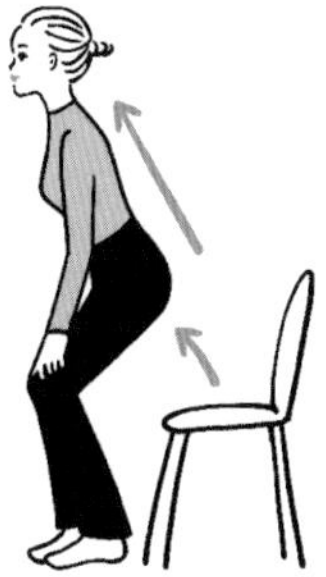

椅子から立ち上がる瞬間はかかとに重心をかけます。こうすることで、ふくらはぎ、太ももの裏、お尻など身体のうしろ側のおサボリ筋たちを強制的に働かせることができるのです。

椅子に座っているときは、ひざを直角より広めに開いて足をやや遠くに置きます。ひざを直角よりせまくしてしまうと足首が踏ん張りすぎて、むくみを招きます。

歩き方

OK

上から引っ張られているように地面に対して垂直で、大股で、ゆとりを感じさせるフォーム。「うしろから押されている感じ」でラクに歩けます。つま先ではなく、かかとから着地し、母指球（足裏の親指の下あたり）で蹴る意識で。

NG

前傾ぎみに小股でトコトコ歩くフォーム。身体のうしろ側をサボらせ、前側を使って歩くとこうなってしまいがち。

リリースの力でヘバーデン結節の進行を食い止めた

私は暇さえあれば、テニスボールで全身をリリースして、筋膜をゆるめていますし、「一日の疲労をリセットする」という意味で**就寝直前のリリースとストレッチは欠かしません。**特に閉経後は女性ホルモンの減少により、筋肉が硬くなりやすくなった気がします。

それでもリリースをこまめにおこなうことによって筋肉がやわらかく動くようになり、ゆがんでいた骨格が整い、血流や代謝がよくなってむくみがとれるわけですから、そのおかげで**アラ還の今でも太りにくい**のだと思います。翌朝、スッキリ目覚められるのも大きな魅力。コロコロとテニスボールを転がすだけで効果バツグンの生活習慣なので、おすすめです。

このリリースとストレッチで、ヘバーデン結節も進行が止まっています。ヘバーデン結節とは指の第1関節が赤く腫れたり、曲がったり、コブ（結節）ができて痛んだりという原因不明の病気です。49歳で発症して病院に行ったところ、お医者さんいわく「一発で治る治療法はなし」。漢方での血流改善や、最大4回までのステロイド注射くらいしかなすすべがないと言われました。「なるほど、血流が大事なのか」と思った私はプロのトレーナーとして自身に必要なリリースとストレッチを毎日のルーティーンとし、**食生活の改善と併せて、進行を食い止めた**のです。

その後、62歳の今に至るまで、**通院、治療、投薬などとは無縁**でいられています。この病気の特徴は、指が反らなくなったり、伸ばせなくなったりと動きの自由さが失われることですが、**テニスボールでリリースし、ストレッチをすることで、自由さを取り戻せた**のです。

私のクライアントである統合医療のお医者さまにこのことをお話しすると「ヘバーデン結節の進行を自力で止めた人なんて、これまで聞いたことがないですよ」と大変驚いていらっしゃいました。この経験から私は、還暦を機に、多くの人に自分の身体を自分でマネジメントできる幸せを伝えたく、「姿勢アナリスト」という一般の方に向けた資格授与講座を立ち上げました。

自分の例だけしかお話しできませんので、ヘバーデン結節にはリリースが必ず効く！　などとは言えません。しかし、リリースは指にまで効果があるのか、と驚いたのも事実。**筋膜のコリをほぐすことはこんなにも大切なのだ**と実感した出来事でした。

クッションピラティスで気持ちまでハッピーポジティブに！

「最終的にはクッションなしでピラティスをおこなえるようになるべき？」

　ここまでお読みくださった方は、その点が気になっていらっしゃるかもしれませんね。

　ずっとクッションを使っていてもいいですし、クッションを使う日と使わない日があってもいいです。

　クッションなしでおこなうと負荷が高くなるので、「今日はがんばってみたいな」という日はチャレンジしてください。クッションがあれば筋肉を伸ばすことに集中できるし、クッションがなければ筋肉を鍛える効果が高まります。「こうでなければならない」という絶対的な正解はないのです。

「今日の私はどうしたい？　がんばりたいのかな、じっくり体を伸ばしたいのかな」

　いつでもそんなふうに自分の身体と対話をして、心地よいほうを選択する。そうしたクッションピラティスの考え方が、皆さまの身体だけでなく気持ちまでほぐす助けになれば、著者としてこんなに幸せなことはありません。

本書制作スタッフの皆さま、モニターの皆さま、メイクのＭＩＣＨＩＲＵさん、ヘアカラーのＴＷＩＧＧＹ.ステファンさん、ウェアのｌｕｌｕｌｅｍｏｎさん、そして快くご協力くださった女優の檀れいさん、最後にいつも支えてくれているアプロスタッフと、スタジオ創設以来ずっとサポートし続けてくれている私の実妹であり弊社代表の真弓さん、たくさんの皆さまのお力添えで素敵な本に仕上がりました。心よりお礼を申し上げます。ありがとうございます。

“Open your next door through our training.”

私たちのトレーニングで、あなたの次の扉を開けましょう。

これは私の大好きな言葉で、ＳＴＵＤＩＯ Ａｐｒｏのコンセプトです。

身体が変われば心が変わる。日々のイライラや悲観的な気持ちが前向きなハッピーポジティブ思考に変わり、人生が幸せな方向へと動き出します。

本書を手にとって、お読みくださった皆さまに心から感謝申し上げます。

健やかに美しく、そして幸せに。一緒に楽しみながら歩んでいきましょう。

ＫＡＯＲＵ

“Training is the door to your next stage.”

トレーニングは、次のステージへの扉。

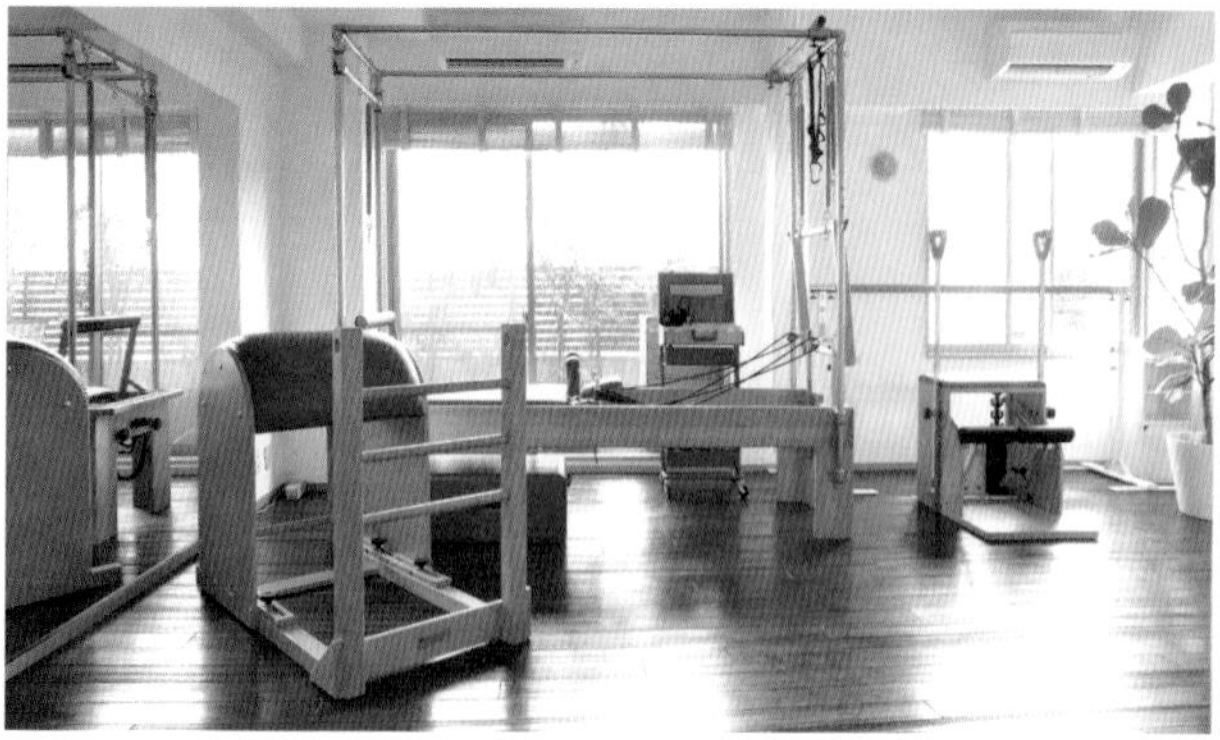

STUDIO Apro

「スタジオアプロ」は、姿勢分析でひとりひとりに合った理想的なトータルボディを実現する、東京・表参道のパーソナルトレーニングスタジオです。

正しい骨の整列（ボーンライン）は〝健康と美の源〟。

併設する「アプロアカデミー」では、KAORU考案の姿勢分析スキルが学べる『姿勢アナリスト®資格取得講座』をはじめ、一般からプロのトレーナー向けまで、ウェルネススキルを高める豊富な講座を開講しています。

現在、テニスボールリリースなどアプロ独自のリリースメソッドをご自宅で体験できる会員制サービス「アプロオンライン」が好評。「アプロアカデミー」卒業生を中心とした講師が毎日30分、トレーニングのライブ配信をおこない、週1、2回はKAORUも登場します。また、毎月末には、KAORUが姿勢やウェルネスについてレクチャーする『KAORU座学』を開講。「スタジオアプロ」では新規受付をしていないKAORUの姿勢分析やカウンセリングも、「アプロオンライン」なら対応可能です。

アプロオンライン

アプロアカデミー

TEL：03-6721-1824（予約受付 10:00〜18:00）
MAIL：info@tsapro.co.jp

KAORU

かおる

KAORUメソッドを
動画で公開中

YouTube：
「スタジオアプロ」で
検索

Instagram：
kaoru.apro

女優やモデル、美容専門家など〝美のプロ〟たちから絶大な支持を集めるカリスマトレーナー。姿勢アナリスト。

東京・表参道にある隠れ家的スタジオ「スタジオアプロ」主宰。

1962年、東京都生まれ。6歳からクラシックバレエをスタート、18歳から始めたエアロビクスでは全国1位を獲得（1987年全日本エアロビクスチャンピオンシップトリオ部門初代チャンピオン）。

フィットネス指導歴40年、のべ60万人の身体を変えてきた。各種ダンスをはじめヨガ、ピラティスをマスターし、さらには加圧トレーナーの資格も取得。

身体への飽くなき探究心から、還暦にして、独自の姿勢分析理論に到達。筋肉をゆるめ、本来あるべきところに骨を戻す「リリース」を中心に、ヨガやピラティスなどを融合させたホリスティックな独自のエクササイズメソッドを体系化。〝姿勢から人生を変える〟をモットーに、2023年より、『姿勢アナリスト®資格取得講座』をスタート。

〝美のプロ〟たちへのパーソナルトレーニングはもちろん、高齢者向け、子供向け、機能障害のリハビリ向けなど、幅広くウェルネスプログラムをプロデュースしている。

現在62歳。近い将来、自分の孫と楽しめる「ベビーピラティス教室」の開講を構想中。

持論は「正しい骨の整列は、遺伝ではなく〝習慣〟の賜物」「筋肉がゆるめば幸せに近づく」。

著書にベストセラーとなった『女優やモデルのおうち習慣 テニスボールダイエット』（小社）、『自分で整体ストラップ』（講談社）などがある。

Staff

ブックデザイン：木村由香利（986DESIGN）
撮影：梅沢香織
スタイリスト：野崎未菜美
ヘアメイク：MICHIRU for yin and yang(3rd)
衣装協力：lululemon（ルルレモン 0800-080-4090）
撮影協力：AWABEES
イラスト：別府麻衣、内山弘隆
DTP：美創
執筆協力：山守麻衣
構成：鈴木恵美

クッションピラティス
内ももを締めれば勝手にやせる！

2024年2月20日　第1刷発行

著者　KAORU
発行人　見城 徹
編集人　福島広司
編集者　前田香織
発行所　株式会社 幻冬舎
〒151-0051 東京都渋谷区千駄ヶ谷4-9-7
電話 03(5411)6211(編集)
03(5411)6222(営業)
公式HP:https://www.gentosha.co.jp/
印刷・製本所　近代美術株式会社

検印廃止

Printed in Japan
ISBN978-4-344-04233-9 C0095

この本に関するご意見・ご感想は、
下記アンケートフォームからお寄せください。
https://www.gentosha.co.jp/e/